D0808324

Le transculturel
et les littératures
des Amériques

LE CANADA ET LES AMÉRIQUES

La photographie de la couverture
est de l'artiste canadienne Odette Imbert.
Titre: *Les points cardinaux de la bibliothèque.*

Le transculturel et les littératures des Amériques vise à communiquer la connaissance des problématiques canadiennes aux chercheurs et aux étudiants intéressés par le Canada et/ou les perspectives transaméricaines.

Publications
Le Canada et les Amériques/Canada and the Americas:
Consensual Disagreement: Canada and the Americas, 2005.
Converging Disensus: Cultural Transformations and Corporate Cultures. Canada and the Americas, 2006.
Les jardins des Amériques: éden, home *et maison: le Canada et les Amériques,* 2007.
Le Canada et la société des savoirs: le Canada et les Amériques, 2007.
Theories of Inclusion and Exclusion in Knowledge-Based Societies: Canada and the Americas, 2008.
Américanité, cultures francophones canadiennes et société des savoirs: le Canada et les Amérique, 2009.
Trans-multi-interdisciplinarité, trans-multi-interculturalité (dir : Brigitte Fontille et Patrick Imbert), Québec, Presses de l'Université Laval, 2012, est le résultat d'un atelier subventionné par le Conseil de recherche en sciences humaines du Canada. Il a eu lieu les 4 et 5 novembre 2010 à l'Université d'Ottawa.
Multiculturalism in the Americas : Canada and the Americas, 2011
Le transculturel et les littératures des Amériques : le Canada et les Amériques, 2012.

University of Ottawa Research Chair: Canada : Social and Cultural Challenges in a Knowledge-Based Society

Chaire de recherche de l'Université d'Ottawa : Canada : enjeux sociaux et culturels dans une société du savoir

Le transculturel et les littératures des Amériques

LE CANADA ET LES AMÉRIQUES

Directeur
Patrick Imbert

Université d'Ottawa
University of Ottawa

Catalogage avant publication de Bibliothèque et Archives Canada

Le transculturel et les littératures des Amériques / directeur, Patrick Imbert.

(Le Canada et les Amériques)

Comprend des références bibliographiques et un index.
ISBN 978-0-88927-421-1

1. Littérature et mondialisation--Amérique. 2. Changement social dans la littérature. 3. Altérité dans la littérature. I. Imbert, Patrick, 1948- II. Université d'Ottawa. Chaire de recherche Canada: enjeux sociaux et culturels dans une société du savoir III. Collection: Canada et les Amériques (Ottawa, Ont.)

PN56.G55T73 2012   809'.933552   C2012-905199-3

Pour des informations supplémentaires ou des commandes :
http://www.canada.uottawa.ca/enjeux
pimbert@uottawa.ca

Chaire de recherche de l'Université d'Ottawa :
Canada : enjeux sociaux et culturels dans une société du savoir (directeur : Patrick Imbert),
Université d'Ottawa, Département de français,
60, rue Université, Ottawa, Ontario, Canada, K1N 6N5.

Imprimé au Canada

Table des matières

Introduction 9
Patrick Imbert
Université d'Ottawa

Le texte littéraire et la transculturalité 15
Patrick Imbert
Université d'Ottawa

La contradiction dans les romans
des Amériques 57
Héloïse Brindamour
Université d'Ottawa

Du récit moderne territorial
à la parabole postmoderne transmigrante 91
Marie-Hélène Urro
Université d'Ottawa

Rencontres et identité 118
CATHERINE SKIDDS
Université d'Ottawa

Rencontres des altérités dans les Amériques . . . 151
CATHERINE COUGHLAN
Université d'Ottawa

Index 195

INTRODUCTION

Patrick Imbert
Université d'Ottawa

Toute poétique est un réseau[1].

L A LITTÉRATURE COMPARÉE a été inventée pour échapper aux coercitions imposées par les États-Nations tentant de contrôler la production littéraire et de la présenter comme le summum de la maîtrise d'une langue nationale vue comme unificatrice face aux langues régionales. Ce contrôle couplé au progressisme de l'école gratuite et obligatoire permettant de former des travailleurs capables de maîtriser les complexités pratiques, techniques et sémiotiques d'un monde urbain en processus d'industrialisation rapide a permis d'inventer des identités qui se sont longtemps résumées, comme le souligne Anthony Appiah[2], à des attributs nationaux repoussant tous les autres, être père, être veuve (de guerre), être sportif, être riche ou pauvre, être éduqué, être artiste, comme secondaires.

---

1. Édouard Glissant, *Introduction à une poétique du divers*, Paris, Gallimard, 1996, p. 135.
2. Kwame Anthony Appiah, *Cosmopolitanism*, Oxford, Oxford University Press, 2006.

De nos jours, tout se déplace, tout se recontextualise et la légitimité nationale se définit de plus en plus, à tout le moins dans les démocraties libérales, par la capacité à pénétrer les réseaux mondiaux des savoirs, de l'innovation et des économies, comme d'intégrer les nouveaux venus qui vont contribuer à renforcer un marché intérieur fortement dépendant des dynamiques financières et cognitives planétaires du cerveau mondial interconnecté qu'est devenue la planète comme le souligne Pierre Lévy[3].

Ainsi, la littérature comparée dans ses formes théoriques et pédagogiques traditionnelles tend à s'étioler pour ouvrir à des recherches liées aux études culturelles. Celles-ci sont plus à même de rendre compte des croisements discursifs comme des productions multi-médiatiques et des œuvres littéraires polymorphes, poly-discursives et poly-lingues parfois. De plus, beaucoup d'œuvres construisent, dans leurs intrigues comme dans la dynamique des rencontres qui s'y développent, des réseaux de cultures circulant en leurs esthétiques comme en leurs argumentations. Sans aller jusqu'au *Codex Espangliensis* de Guillermo Gómez-Peña, Enrique Chagoya et Felicia Rice[4] mêlant images, livre objet, textes littéraires en plusieurs langues et traversées historiques et continentales des Amériques précolombiennes aux Amériques contemporaines, de nombreux ouvrages

---

3. Pierre Lévy, *The Semantic Sphere : Computation, Cognition and Information Economy*, London, ISTE, Hoboken (NJ), John Wiley, 2011.

4. Guillermo Gómez-Peña, Enrique Chagoya et Felicia Rice, *Codex Espangliensis*, San Francisco, City Lights Books, 2000.

jouent sur les savoirs multiples et les croisements de codes sémiotiques. La transculture est au sein de l'écriture car, comme le soutient Édouard Glissant « on ne peut plus écrire de manière monolingue. On écrit en présence d'un certain nombre de structures d'œuvres, comme celle de Faulkner, même si on ne connaît pas très bien la langue dans laquelle cette œuvre s'est incarnée, même si on n'est pas capable de saisir les particularismes du langage mis en place dans cette œuvre[5] ». On assiste donc à une rencontre des poétiques, des imaginaires, à une mise en réseau des langues et des discours, à un métissage des formes et des genres : « Je crois que nous pouvons écrire des poèmes qui sont des essais, des essais qui sont des romans, des romans qui sont des poèmes[6] ».

C'est dans ce contexte que s'est tenu le séminaire de maîtrise et de doctorat intitulé « Littérature comparée des Amériques » de janvier à avril 2012 au Département de français de l'Université d'Ottawa. Il est à l'origine des textes publiés ici qui ouvrent tous sur une capacité à repenser les liens entre les œuvres littéraires, en particulier dans le contexte des Amériques, un continent qui a toujours été ouvert sur le nouveau, le renouveau, les déplacements géographiques comme symboliques. On le mesure dans le texte d'Héloïse Brindamour analysant la fluidité de textes qui ne cherchent pas à résoudre les contradictions en une synthèse hégélienne. On le ressent dans l'article de Marie-Hélène Urro explorant les modalités des rencontres

---

5. Édouard Glissant, *Introduction à une poétique du divers*, Paris, Gallimard, 1996, p. 116.
6. *Ibid.*, p. 124.

créatrices par-delà les mythologies fondées sur l'exclusion. On le perçoit dans l'analyse faite par Catherine Skidds des escapades hors du dualisme statique dans des rencontres caméléonnes toujours en partie imprévisibles. On le découvre dans l'étude des textes par Catherine Coughlan où la rencontre est plus importante que l'intrigue causale qui prédétermine les résultats des rapports de pouvoir. « Where is up ? » disait Torres Garcia en 1935 dans *La escuela del Sur* et la célèbre carte géographique intitulée América invertida tandis que Northrop Frye posait la question quelques années plus tard « Where is Here[7] ? ». Toute la question des rencontres, des inclusions et des exclusions dépend de ces contextes divers marquant des gens qui se sentent majoritaires tout en étant ou non en même temps minorisées. Autrement dit, dans ces rencontres transculturelles, selon quelles modalités est-on ou non minorisé ou majoritaire comme on peut se le demander en lisant le texte de Patrick Imbert. À quel *pecking order* se réfère-t-on ou bien à quel partage de la rencontre dans la sympathie ou la séduction ? La complexité gouverne ainsi les rapports de pouvoir des rencontres comme le souligne ironiquement une femme anglophone noire née à Montréal dans la pièce théâtre de Lorena Gale intitulée « Je me souviens » : « When people ask me which island I come from, I say Montreal[8] ». Voilà

---

7. Northrop Frye, *The Bush Garden*, Toronto, Anansi, 1971, p. 39.
8. Lorena Gale, « *Je me souviens* », dans *Voice of Her Own* (introduction de Sherrill Grace), Toronto, Playwrights Canada Press, 2003, p. 59.

qui suggère par l'humour que les significations efficaces se produisent non pas dans la défense identitaire dualiste mais dans le relationnel pragmatique et herméneutique. C'est ce que souligne aussi le théoricien vénézuélien et praticien de l'art optique Carlos Cruz Diez établi à Paris, pour qui le spectateur en mouvement, comme dans certaines tapisseries baroques, transforme la peinture en une autre. Dans ce chatoiement de couleurs, les significations sont constructions relationnelles liées aux contextes multiples comme dans la théorie des relations transculturelles de Frederick Barth[9] ou d'Afef Benessaieh[10].

Constamment dans le Nouveau Monde, des générations, celles des immigrants, comme celles des Créoles ou des Autochtones, sont saisies de rêves et notamment de celui de pouvoir les réaliser, de pouvoir se réaliser, d'échapper à la fois au continu dominateur de la durée longue liée à une causalité établie et contrôlée par les mythes des États-Nations perpétuant souvent des exclusions, comme au discontinu issu de la violence de certaines rencontres menant à la déportation et à l'esclavage. La transculturalité tend ainsi à tenir compte d'une part du vecteur du grand récit de légitimation qui en remplace un autre, celui d'une Amérique en mouvement déplaçant l'importation de mythes européens

9. Frederick Barth, *Ethnic Groups and Boundaries. The Social Organization of Culture Difference*, Bergen/London, Universitetsforlaget/Allen & Unwin, 1969.
10. Afef Benessaieh (dir.), *Transcultural Americas / Les Amériques transculturelles*, Ottawa, Presses de l'Université d'Ottawa, 2010.

et, d'autre part, des traces du discontinu qui marquent la présence de civilisations qu'on a voulu faire disparaître.

C'est bien pourquoi Alexandre, le personnage du *Siècle de Jeanne* d'Yvon Rivard, affirme :

> Le Nouveau Monde n'était peut-être possible que si nous arrivions à percevoir à la fois et en même temps le début et la fin d'un monde, et pour cela quel meilleur exercice que d'entendre sur une plage déserte les pas de ceux qui sont passés et les pas de ceux qui viendront, comme de voir au milieu d'une foule ou dans les bras d'une femme cet espace vide que personne ne pourra jamais combler, le centre immobile de tout mouvement, le moyeu de la roue[11].

Le Nouveau Monde combine les potentialités de la présence comme de l'absence, il problématise le passage, le mouvement, la transition permanente. Il ne cherche pas à résoudre les contradictions par le biais d'une narrativité qui viserait l'unification et l'appel d'une stabilité mais permet de gérer le vivre ensemble dans la coïncidence (spatiale) du simultané (temporel) et de fonctionner dans les espaces limites, leurs frontières/leur *frontier* et leurs points de fuite. Dès lors, la littérature comparée ne peut rendre compte pleinement des dynamiques des Amériques car elle ne permet guère de mettre en valeur les instants de coïncidence, les instants où quelque chose peut se produire, car dans le Nouveau Monde on s'attend toujours à ce que quelque chose se produise. Mais ce qui

---

11. *Ibid.,* p. 348.

se produit n'est pas de l'ordre du récit qui se ferme sur une conséquence maîtresse issue de l'enchaînement logique des causalités maîtrisées par des récits de légitimation nationaux. « Keep it moving[12] » dit Alexandre dans *Le siècle de Jeanne*, car la rencontre dans l'imprévu est permanente. C'est ce que souligne aussi *L'histoire de Pi* de Yann Martel qui métaphorise nos mondes et ne mene à aucune signification définitive adéquate. Il reste à choisir quelle est la meilleure histoire dans la capacité à s'imaginer dans un monde où nous avons droit à l'accès à la beauté. La comparaison doit aider à s'insérer dans un réseau ouvert et donc proposer des pistes et poser des questions plus que de se réfugier dans des significations déterminantes.

Ces connexions ouvertes poussent bien plus loin la technique de juxtaposition des nouvelles sur une page de quotidien dont l'impact était souligné par Marshall McLuhan il y a quarante ans :

> The juxtaposition on a single page of human interest stories from every culture of the globe reshaped the whole urban sensibility. The consciousness of industrial man was daily formed by the jostling of many lives and many cultures. His individual life was no longer framed by the experience and perspectives of a single community or a continuous memory of a single people[13].

---

12. *Ibid.*, p. 392.
13. Marshall McLuhan, *Space, Time and Poetry*, Corte Madera, California, Gingko Press, 2005, p. 13.

Savoir sur soi et savoir sur l'autre s'imbriquent en des rapports communicationnels et informatifs sujets/environnements constants comme l'affirme McLuhan : « The new media have transformed the entire environment into an educational affair[14] ». Ce fonctionnement a été démultiplié par les technologies et l'accès aux savoirs pour des centaines de millions de gens sur la planète qui sont désormais aussi des producteurs de savoirs. Les Amériques, dans le contexte des nouvelles technologies et de la « glocalisation », rejoignent de plus en plus des savoirs qui sont partout tandis que leur centre semble être nulle part. Ces savoirs ne sont désormais pas uniquement dans la structure d'un récit linéaire menant à des significations crues transparentes mais dans les possibilités immenses des rencontres en partie imprévisibles greffées sur les écritures et les esthétiques créolisées dont parle Édouard Glissant. Le transculturel pénètre ainsi les écrits par tous leurs pores car il ouvre non seulement à des savoirs établis mais aussi à des savoirs en gestation, à une ignorance positive celle qui faisait affirmer à un très célèbre penseur « Alles was ich weiss ist, dass ich nichts weiss » (Tout ce que je sais est que je ne sais rien). Mais le choix, dans la conscience de tout ce qu'il reste à savoir et à produire comme savoir nouveau, est le moteur des littératures et de l'ensemble des médias artistiques contemporains ouvrant sur un chaos-monde régénérateur.

---

14. Marshall McLuhan, *Notes on the Media as Art Form*, Corte Madera, California, 2005, p. 10.

Bibliographie

APPIAH, Kwame Anthony, *Cosmopolitanism*, Oxford, Oxford University Press, 2006.

BARTH, Frederick, *Ethnic Groups and Boundaries. The Social Organization of Culture Difference*, Bergen/London, Universitetsforlaget/Allen & Unwin, 1969.

BENESSAIEH, Afef (dir.), *Transcultural Americas / Les Amériques transculturelles*, Ottawa, Presses de l'Université d'Ottawa, 2010.

GALE, Lorena, « Je me souviens », *Voice of Her Own* (introduction de Sherrill Grace), Toronto, Playwrights Canada Press, 2003.

GÓMEZ-PEÑA, Guillermo, Enrique CHAGOYA et Felicia RICE, *Codex Espangliensis*, San Francisco, City Lights Books, 2000.

GLISSANT, Édouard, *Introduction à une poétique du divers*, Paris, Gallimard, 1996.

LÉVY, Pierre, *The Semantic Sphere 1 : Computation, Cognition and Information Economy*, London, ISTE, Hoboken (NJ), John Wiley, 2011.

McLUHAN, Marshall, *Space, Time and Poetry*, Corte Madera, California, Gingko Press, 2005.

McLUHAN, Marshall, *Notes on the Media as Art Form*, Corte Madera, California, 2005.

LE TEXTE LITTÉRAIRE ET LA TRANSCULTURALITÉ

Patrick Imbert

Université d'Ottawa

1. Culture vulnérable, culture reconnue

> *For diversity, as traditionally provided in the form of single cultures, does indeed increasingly disappear. Instead, however, a new type of diversity takes shape : the diversity of different cultures and life-forms, each arising from transcultural permeations*[1].

POUR PARVENIR À ÉTABLIR des rapports culturels positifs et efficaces, il est souhaitable de sentir que les cultures qui nous modèlent et qu'on modèle ont une valeur certaine et qu'elles peuvent se définir en fonction d'aspirations humaines importantes. Pour reconnaître les droits des autres, il faut connaître aussi bien les éléments clés de nos inscriptions culturelles mais aussi leurs vulnérabilités et saisir que des inscriptions culturelles perçues surtout comme vulnérables ne constituent pas vraiment des points d'ancrage efficaces pour accueillir

---

1. Wolfgang Welsch, "Transculturality : the puzzling Form of Cultures Today", Mike Featherstone et Scott Lash (Eds.), *Spaces of Culture : City, Nation, World*, London, Sage, 1999, p. 203.

pleinement l'autre. Autrement dit, la célèbre phrase de Northop Frye « Where is here ?[2] » qui représente une étape dans l'affirmation de valeurs canadiennes n'est pas un point d'ancrage très productif pour gérer l'accueil car elle manifeste une grande vulnérabilité dans la connaissance de soi. Il en est de même de l'analyse de Margaret Atwood intitulée *Survival*[3] où elle parle du statut de victime de bien des personnages romanesques au Canada anglais tel *Beautiful Loser* de Leonard Cohen[4]. N'oublions pas le pamphlet de Pierre Vallières *Nègres blancs d'Amérique*[5] ou quantité de textes publiés par la revue *Parti-Pris* qui déplorent le statut de colonisé des francophones. Pour s'engager dans la rencontre de ceux qui sont différents de façon positive et reconnaître l'altérité, ce que ne réussit pas Pierre Vallières en ce qui concerne les Noirs, il faut avoir échappé à la domination pesante d'un autre perçu comme colonisateur. Qu'affirme Vallières au sujet des Noirs au Québec : « Au Québec, les Canadiens français ne connaissent pas ce racisme irrationnel qui a causé tant de tort aux travailleurs blancs et aux travailleurs noirs des États-Unis. Ils n'ont aucun mérite à cela, puisqu'il n'y a pas, au Québec, de "problème noir"[6] ». Ces remarques

2. Northrop Frye, *The Bush Garden*, Toronto, Anansi, 1971, p. 39.

3. Margaret Atwood, *Survival, a Thematic Guide to Canadian Literature*, Toronto, Anansi, 1972.

4. Leonard Cohen, *Beautiful Loser*, New York, Viking, 1966.

5. Pierre Vallières, *Nègres blancs d'Amérique*, Montréal, Parti-pris, éditions revue et corrigée, 1969 (c1968).

6. *Ibid.*, p. 26.

sont à mettre en rapport avec ce que dit un personnage québécois noir anglophone né à Montréal dans la pièce de théâtre « Je me souviens » de Lorena Gale : « I remember when they wouldn't serve us in the restaurants on St.Catherine's St. Or let us in the movie theatres[7] ».

Une telle cécité ne se trouve pas dans *La Nuit* de Jacques Ferron[8] affirmant l'importance pour soi de reconnaître les autres et les exclusions présentes mais que cela passe par la capacité à ne plus être dominé. C'est ce que manifeste Frank/François se débarrassant de son alter ego dominateur Frank anglophone et devenant ainsi capable de dialoguer avec Alfredo Carone le chauffeur de taxi italo-québécois, le passeur qui mène François à rencontrer la belle Caribéenne Barbara au centre-ville, une prostituée conforme toutefois aux stéréotypes dominants à l'époque. François en revient transformé dans son bungalow de banlieue. Une telle cécité est mise en scène récemment par l'écrivaine québécoise noire anglophone Lorena Gale, non seulement dans *Je me souviens* mais aussi dans la pièce de théâtre intitulée *Angélique*[9]. Dans

---

7. Lorena Gale, « Je me souviens », *Voice of Her Own*, Introduction de Sherrill Grace, Toronto, Playwrights Canada Press, 2003, p. 65.

8. Jacques Ferron, *La Nuit*, Montréal, Parti-pris, 1965.

9. Voir au sujet de cette pièce Alan Filewod, "From Twisted History : Reading *Angélique*", Marc Maufort and Franca Bellarsi (Eds), *Sitting the Other : Re-visions of Marginality in Australian and English-Canadian Drama*, Brussels, PIE-Peter Lang, 2001, p. 279-290. Se référer aussi à la conférence de Lacey Beer, "Pointing the Finger : Marie-Joseph Angélique, the Montreal Fire of 1734, and a

celle-ci, elle met en scène Angélique, une esclave noire de Montréal qui a été condamnée à être pendue pour avoir été accusée d'avoir mis le feu à un quartier de Montréal : « And in seventeen thirty-four a Negro slave set fire to the City of Montreal and was hanged[10] ». Aucune preuve n'a jamais été fournie car tout le procès est basé sur des commérages. Toutefois, Angélique est encore considérée historiquement comme la coupable ce qui est un beau cas de processus victimaire girardien. C'est pour cela que Lorena Gale répète cette phrase en déplaçant sa présentation sur la page pour que le paragraphe ainsi formé se termine comme suit : « and was hanged/ was hanged/ hanged ». Voilà une manière originale de souligner que le point important n'est pas le début de la phrase issue des lyncheurs mais la fin. Autrement dit, puisque le récit historique n'a pas été corrigé et que, de plus, la réception critique de cette pièce a été minimale, sans oublier que le texte *Angélique* n'est pas dans certaines bibliothèques universitaires, celle de l'Université d'Ottawa par exemple, même s'il s'agit d'un texte canadien, on se rend compte qu'on fait encore face à un certain « black-out » ou, en tout cas à un désir d'éviter de confronter cet épisode que l'on pourrait qualifier de « controversé ». Mais à travers cette obscurité Lorena Gale nous a permis de voir des étoiles, celles éclairant l'innocence de la victime.

Hidden History of Canadian Racism" à la réunion annuelle de l'Association des littératures canadiennes et québécoise en juin 2012 au congrès des sciences sociales et humaines à Waterloo, Ontario.

10. Lorena Gale, *Angélique*, Toronto, Playwrights Canada Press, 2000, p. 5.

C'est alors quand certains fonctionnements et certains principes propres sont connus, intégrés et perçus comme des valeurs importantes telles la croyance en la pensée rationnelle, l'affirmation de l'égalité des hommes et des femmes et qu'il existe des droits personnels qu'aucun groupe, aucune société, aucune religion ni aucun État n'ont le droit de contester et encore moins de supprimer que peuvent se développer de véritables rencontres multiculturelles, interculturelles ou transculturelles[11] réglées par des approches théoriques inter, multi ou transculturelles[12] et par des lois et pratiques qui s'incarnent dans le partage des espaces au quotidien. Comme le dit Alain Touraine, la pluralité des modes de modernisation « expression de loin préférable à celle de multiculturalisme[13] » peut alors se mettre en place. La pluralité des modes de modernisation construit le sujet défini, dans *Critique de la modernité*[14] comme un rapport indirect toujours décalé de l'individu à lui-même à travers l'autre dans la résistance à l'oppression, en fonction d'une réflexivité sur la position de sujet et la

---

11. Patrick Imbert, « Transculturalité et Amériques », Afef Benessaieh (dir.), *Transcultural Americas / Amériques transculturelles*, Ottawa, Presses de l'Université d'Ottawa, 2010, p. 39-68.
12. Brigitte Fontille et Patrick Imbert, *Trans-inter-multiculturalité, trans-inter-multidisciplinarité*, Québec, PUL, 2012.
13. Alain Touraine, *Un nouveau paradigme*, Paris, Fayard, 2005, p. 261.
14. Alain Touraine, *Critique de la modernité*, Paris, Fayard, 1992, p. 265.

légitimité des discours. Cette réflexivité est une composante importante de la transculturalité et fonctionne comme discours analysant de multiples discours. Elle se mêle aux discours à partir de rencontres où au moins une culture, comme c'est le cas de toutes les cultures contemporaines, est déjà en place puisqu'il n'y a plus ni de « frontier », ni d'espace présenté comme vide. En ce sens, on est loin de la vision du Cubain Ortiz[15] pour qui la transculturation agit dans un espace en gestation où aucune culture n'est encore établie même si la culture blanche sert de point de référence pour exclure ce qui n'est pas civilisé, c'est-à-dire les cultures des Afro-descendants. C'est ce que souligne Mark Millington commentant Ortiz et le Mexicain Rama[16] :

> Where Ortiz was concerned with the effects of multiple cultures all being introduced into Cuba more or less simultaneously without an established local culture, Rama is concerned with defined national situations in which there are well-established internal structures and divisions which come into contact with external practices – in other words, a clearly delineated internal/external polarity[17].

15. Fernando Ortiz, *Counterpoint, Tobacco and Sugar*, New York, Knopf, 1947.
16. Angel Rama, *Transculturación narrativa en América latina*, Mexico, siglo XXI, 1982.
17. Mark Millington, "Transculturation : Taking Stock", F. Hernandez, M. Millington et I. Borden (Eds), *Transculturation : Cities, Spaces and Architectures in Latin America*, Amsterdam, Rodopi, 2005, p. 209.

2. Multiculturalisme et transculturalité

Si la transculturation de Ortiz représente une étape historique dans les dynamiques de rencontre, on se doit par contre de définir la pluralité travaillée politiquement par des fonctionnements fondés sur le multiculturalisme. À ce sujet, il est bon de rappeler quelques éléments de base du multiculturalisme tel qu'analysé par Will Kymlicka[18]. Il souligne qu'il faut protéger le groupe minoritaire des fonctionnements visant l'homogène du groupe majoritaire mais qu'il faut simultanément protéger l'individu par rapport au groupe protégé. Si un individu veut avoir accès à d'autres fonctionnements, il faut lui permettre de sortir du groupe et aussi, dans certains cas, d'être compensé de ce qu'il peut perdre afin de pouvoir s'insérer au mieux dans un autre groupe ou bien se fondre dans le fonctionnement majoritaire. En effet, le pluralisme doit tenir compte de la promesse de base des Amériques qui est celle de s'appartenir individuellement plus que d'appartenir à un groupe. L'hémisphère est donc un territoire contesté, mais d'une manière bien différente des territoires européens où les gens, dans la dynamique de la modernité, appartenaient à l'État-Nation et ont été obligés de faire la guerre au nom d'une expansion territoriale et ethnique qui a mené à la Deuxième Guerre mondiale, à la Shoah et plus récemment aux crimes contre les Bosniaques musulmans dans l'ex-Yougoslavie.

---

18. Will Kymlicka, *Multicultural Odysseys*, Oxford, Oxford University Press, 2007.

Tout en tenant compte de rapports de pouvoirs non dualistes, Kymlicka a cependant tendance à présenter les individus comme ayant une identité définie et stable liée à un groupe particulier lui-même défini par des références à des contenus issus d'un passé perçu comme relativement homogène. C'est en effet ainsi qu'il définit la culture : « I am using "a culture" as synonymous with "a nation" or "a people" – that is as an intergenerational community, more or less institutionally complete, occupying a given territory or homeland, sharing a distinct language and history[19]. » Voilà qui laisse peu de place au partage d'un présent tourné vers un avenir dans la rencontre avec les autres menant à la recontextualisation des manières de faire et des perspectives. Évidemment, le centre d'intérêt de la culture, c'est la relation entre les individus, par opposition à d'autres pratiques sociales comme la finance ou les technologies qui ont une dimension culturelle mais qui visent à se consacrer au contrôle d'un environnement matériel en partie extérieur aux relations entre individus ou entre groupes. Pourtant, dans la société des savoirs, ces séparations nettes entre relation, dynamique interpersonnelle et attention à la gestion des richesses externes sont de plus en plus floues. En effet, gérer le monde extérieur demande la capitalisation de savoirs techniques, technologiques et intellectuels, des diplômes et des certificats. En ce sens, dans une optique contemporaine, la culture est de plus en plus tournée vers

---

19. Will Kymlicka, *Multicultural Citizenship : A Liberal Theory of Minority Rights*, Oxford, Oxford University Press, 1995, p. 18.

l'avenir, l'innovation (création + commercialisation), la production du nouveau dans la compétitivité. Autrement dit, la reconnaissance des diplômes et des compétences comme du *know how* est désormais un élément clé de la reconnaissance de l'altérité et de l'invention d'un État-Nation renouvelé qui sait se servir des richesses à portée et apportées pour prendre de l'expansion. Les dynamiques transculturelles sont, elles aussi, inscrites dans cette société des savoirs et ses dynamiques. Mais elles insistent plus que le multiculturalisme sur la gestion du changement car le multiculturalisme est plutôt consacré à la reconnaissance de la permanence d'un ordre comme cela fut critiqué par Neil Bissoondath dans *Le marché aux illusions*[20]. En effet, la transculturalité vise la recomposition du monde dans la reconnaissance des exclusions commises par la domination des mythes des origines comme du mythe du progrès. Ces mythes, d'après René Girard, se définissent comme suit : « […] myth is a text that has been falsified by the belief of the executioners in the guiltiness of their victims […][21] ». Ces mythes définissant la légitimité et l'homogénéité des groupes qui tombent d'accord sur celui qu'il faut exclure[22] sont déplacés en récits historiques par les États-Nations diffusant aux scolarisés un récit homogène hégémonique. Ainsi, la transculturalité

---

20. Neil Bissoondath, *Le marché aux illusions*, Montréal, Boréal, 1993.
21. René Girard, *Things Hidden Since the Foundation of the World*, London, Athlone, 1987, p. 148.
22. On le voit bien dans le roman d'Éric Dupont, *La logeuse*, Montréal, Marchand de feuilles, 2006.

tient certes compte de la présence des récits de légitimation hégémoniques mais en les couplant à la mémoire, au ressentiment présent chez tout individu qui a fait face à des exclusions. Cette mémoire, comme le souligne Girard, mène à considérer, face à la durée longue des grands récits mythiques ou historiques dont parle Gérard Bouchard[23], l'impact de l'instant où, par exemple, Jésus se fait fermer la bouche. La transculturalité pose comme base de la culture la relation comme impact de l'autre sur soi et de soi sur l'autre, soit dans la violence négative, soit dans celle de la séduction comme coup de foudre ainsi qu'on en voit les effets dans *Alléluia pour une femme-jardin* de René Depestre[24], comme cheminement amoureux dans *Le singe grammairien* d'Octavio Paz[25] ou comme relation d'apprentissage à l'instar de la relation Piscine Patel/le tigre dans *Life of Pi* de Yann Martel[26] sans oublier la relation pédagogique dont parle Murat Demirkan dans *L'enseignement et la théâtralité*[27]. N'oublions pas la combinaison de toutes ces dimensions dans les aventures des réincarnations de *The Law of Love* de Laura Esquivel[28]

---

23. Gérard Bouchard et Michel Lacombe, *Dialogue sur les pays neufs*, Montréal, Boréal, 1999.
24. René Depestre, *Alléluia pour une femme-jardin*, Paris, Gallimard, coll. « Folio », 1981.
25. Octavio Paz, *Le singe grammairien*, Paris, Flammarion, 1972.
26. Yann Martel, *Life of Pi*, Toronto, Vintage, 2002.
27. Murat Demirkan, *L'enseignement et la théâtralité*, Istambul, Mavi Cizgi, 2003.
28. Laura Esquivel, *The Law of Love*, New York, Crown, 1996.

traçant l'impact de la mémoire, en parallèle à l'histoire officielle du métissage récupéré par l'État-Nation mexicain excluant les autochtones non métissés. Ainsi, la transculturalité est très différente d'une conception de la culture comme ethnicisée, communautarisée, territorialisée et aseptisée de tout rapport fort à l'autre.

La transculturalité mène donc à une relecture et à une recontextualisation des perspectives. D'abord celle de la croyance qu'il y aurait une origine. Croire en une origine, c'est croire en l'unité primordiale d'un monde consensuel édénique qu'il faudrait retrouver et qui définit le groupe dans ses particularités tandis que les autres sont différents et considérés dans l'erreur. Autrement dit, la transculturalité échappe à la métaphore de l'arbre, soit racine soit arbre généalogique, comme aux mythes fondateurs pour s'intéresser aux rapports sociaux conflictuels, pédagogiques ou séducteurs en fonction de nouvelles métaphores soit rhizomatiques soit animales bigarrées. Elle ouvre sur l'avenir en proposant un présent qui vise à enclencher des relations personnelles comme institutionnelles pratiques menant à ce que des gens différents aient une influence efficace et positive les uns sur les autres. La transculturalité se manifeste, comme pour le lieu de rencontre de toutes les parties de la planète que sont les Amériques, comme une promesse. La transculturalité n'est donc pas liée à un constat d'un état de fait, celui que critique René Girard, c'est-à-dire du « constat » que la victime est coupable de ce qu'on l'accuse, par le biais d'une culture mythique établie liée à un groupe ou à un État-Nation projetant une stéréotypie identitaire et des récits canoniques excluant sur des peuples.

La transculturalité implique une promesse de mieux vivre, un acte de langage performatif qui mène à créer des relations moins conflictuelles, plus attentives, plus à l'écoute. Parler de transculturalité, c'est négocier un rapport dialogique en action qui souligne que même si je passe par des codes liés à un groupe pour m'affirmer ainsi que l'évoque Kymlicka au sujet du multiculturalisme, je suis aussi en train d'accomplir une promesse, celle de m'appartenir à distance des mythes et des grands récits de légitimation et celle de reconnaître que les autres aussi s'appartiennent dans tout leur être, corps et âme. C'est ce que rappelle Louky Bersianik dans *Le Pique-Nique sur l'Acropole*[29] au sujet des femmes et de la remise en question du grand récit platonicien dualiste et misogyne. J'ai droit à mon indépendance et à ma place au soleil car je m'appartiens est la base de la transculturalité qui dynamise les interactions groupe/individu en fonction d'une vitalité expansive où tous méritent d'avoir accès aux biens de cette planète. Cet acte de langage, cette déclaration affirmant que je m'appartiens crée une situation bien réelle et nouvelle où les parties concernées sont modifiées par cet acte linguistique qui échappe à la victimisation par l'histoire et qui recontextualise la mémoire de l'acte violent excluant, pour ouvrir sur la possibilité d'inventer un nouveau récit bigarré à l'instar de Piscine dans *Life of Pi* ou d'Édouard Glissant dans *Pour une poétique du divers*[30].

---

29. Louky Bersianik, *Le Pique-Nique sur l'Acropole*, Montréal, VLB Éditeur, 1979.
30. Édouard Glissant, *Pour une poétique du divers*, Paris, Gallimard, 2000.

De plus, il faut saisir que les groupes ne partagent non seulement pas la même histoire canonique, le même récit national mais que, surtout, ils ne partagent pas les mêmes ressentiments car ils n'ont pas subi les mêmes violences et les mêmes exclusions de la part d'antagonistes qui sont loin d'être similaires. C'est ce qu'affirme Fillippo Salvatore : « The defeats of the Plain of Abraham and that of the Patriotes in 1837 did not leave indelible psychic scars on me. Psychologically, I am not part of a colonized people[31] ».

Dès lors pour lui ce n'est pas « Where is here ? » qui importe mais plutôt « Where is up ? » comme le demandait l'écrivain uruguayen Torres Garcia en 1935 dans *La escuela del Sur* en produisant une célèbre carte géographique intitulée « América invertida » sur laquelle on voit le pôle sud en haut, ce qui suppose que le Nord est en bas. Ainsi, pour les Québécois nés dans la Province, la domination provenait des anglophones, mais pour un nouvel arrivé provenant de la culture italienne, être colonisé n'a aucune pertinence. Par contre, avoir été soumis à des relations hiérarchiques fortes aussi bien du point de vue politique à travers le fascisme comme à travers une organisation sociale et familiale traditionnelle où les ancêtres et le père dominent à l'instar de Vladek dans *Maus*

31. Fillippo Salvatore, "The Italian Writer of Quebec : Language, Culture and Politics", Joseph Pivato (Ed.), *Contrasts : Comparative Essays on Italian Canadian Writing*, Montréal, Guernica, 1985, p. 203.
32. Art Spiegelman, *Maus*, New York, Pantheon Books, 1973 et *Maus II*, New York, Pantheon Books, 1986.

d'Art Spiegelman[32], est pertinent. Ce personnage supportera assez mal qu'on lui interdise l'accès à ce qu'il veut, par exemple aux emplois ainsi qu'au savoir de la langue anglaise qui lui permettra de compenser l'absence de connexions réseautées établies souvent dès l'école par les gens nés dans la Province. Le ressentiment qui peut le motiver sera lié à des interdits d'accès à ce qu'il désire. Ainsi, il pourra accepter la loi 101 obligeant à apprendre le français et acceptera les conséquences de cette histoire de domination demandant que les autres, dont lui, ne soient pas des agents conscients ou inconscients d'assimilation, comme on le voit dans le conte « Retour au Kentucky » des *Contes anglais* de Jacques Ferron. Dans ce cas, il s'agit d'un « Amerloque » qui épouse une Belge francophone : « L'Amerloque, lui, avait joué au sauvage toute son enfance, puis était allé au cinéma y apprendre son monde, un monde à deux dimensions où faute de la troisième tout était illusoire[33] ». Il ne veut pas apprendre le français et sa femme prise, quant à elle dans les luttes linguistiques français/flamand, ne parvient pas à apprendre l'anglais. Ils choisissent alors de s'établir au Canada, dans la banlieue de Montréal car c'est un endroit qui s'accommode « de nos déficiences linguistiques[34] ». Ainsi, parce que le lieu est accommodant, c'est-à-dire dans ce contexte, non-homogène et faible identitairement, il tolère tous les délires. Les parents sont d'ailleurs qualifiés

---

33. Jacques Ferron, *Contes*, Montréal, Hurtubise HMH, 1985, p. 165.
34. *Ibid.*, p. 166.
35. *Ibid.*, p. 166.

de « Toqués[35] ». Quant aux enfants, on affirme que « Ce sont eux qui vous apprendront l'anglais, ma chère! » Dans ces contes, les immigrants réduisent donc l'espace dont peuvent jouir les francophones nés dans la Province, ce qui n'est plus le cas grâce à la loi 101. Toutefois, les immigrants ne partageront pas le ressentiment issu de la mémoire ou de ses évidences sur lesquelles tombent d'accord les gens nés dans la Province et qui font que la loi 101 interdit aussi aux francophones d'envoyer leurs enfants à l'école anglaise. Les immigrants feront tout pour capitaliser les savoirs et maîtriser l'anglais car ils visent les occasions de s'appartenir dans l'accumulation des savoirs et la maîtrise des langues. « Where is up? » est donc présent dans la capacité à en savoir plus, à avoir accès à divers univers, ce qui permet l'accès à la mobilité sociale, c'est-à-dire à des postes intéressants et de pénétrer les multiples centres de pouvoir.

Alors comment parvient-on à établir la confiance qui, comme l'a démontré René Girard, se fonde sur l'accord de tous au sujet de qui doit être exclu, de qui représente une menace pour la société et doit disparaître par le biais du processus victimaire? Celui qui représente une menace pour la société, c'est celui qui ne partage pas l'accord sur l'élément présenté comme extérieur au discours humain, par exemple la parole de Dieu, les valeurs fondamentales liées à des essences platoniciennes ou la réalité des faits scientifiques ou des fonctionnements économiques. Cet extérieur vertical demande donc que le dissident soit poussé hors du cercle des accords, hors du canonique, des évidences, dans un extérieur horizontal, de l'autre côté d'une frontière, en exil ou dans le royaume des morts. Dans ce cas, l'accord de tous sur l'extérieur vertical produisant un extérieur horizontal négatif où est rejetée la victime, fonde la confiance. Cet accord, comme l'a souligné Filippo Salvatore, est impossible à inventer pour les divers groupes d'origines très diverses.

Voilà qui se vérifie de bien des manières au Québec comme ailleurs dans les Amériques ou sur la planète entière. Prenons par exemple la *picardia*, analysée par Marcos Aguinis dans *El atroz encanto de ser Argentino*[36]. La *picardia* est une activité linguistique d'une ironie mordante au sujet de tiers dont on se moque. Elle permet, au-delà des classes ou des régions, de savoir si on partage les mêmes exclusions, si l'on est du même côté de la frontière séparant la barbarie de la civilisation. Cette *picardia* rejoint le thème du film français *Le dîner de cons* qui invente une victime et permet de resserrer les rangs chez les lyncheurs. Comme le souligne un personnage de la pièce *Je me souviens* de Lorena Gale, certaines institutions étatiques ou religieuses affirment que soi est supérieur à l'autre, ce qui entraîne bien des mépris et des méprises :

> Some people in the world [*sic*] think they are so much better than everyone else. Not because they do things that are extraordinary or good. No, they just think they are better. And they vant [*sic*] everyone to be like them. This, of course, is impossible…But this is vhat [*sic*] they want. And if you are not like them, if you

---

36. Marcos Aguinis, *El atroz encanto de ser argentinos*, Buenos Aires, Planeta, 2002.

are different… Then they persecute you. Try to control you. Enslave you. To kill you[37].

On retient aussi des accords et des rejets plus subtils. Songeons au roman de Dany Laferrière, *Comment faire l'amour avec un nègre sans se fatiguer*. Il s'agit de l'histoire d'un immigrant haïtien qui profite du stéréotype raciste du noir grand baiseur et sans trop d'intelligence et de culture et qui a des relations sexuelles avec de jeunes étudiantes. Par cela, Dany Laferrière vise à dénoncer le racisme auquel font face les noirs à Montréal. Mais comment établit-il la confiance du lecteur québécois francophone et blanc avec lui écrivain immigrant et noir ? En reprenant la distinction entre histoire et mémoire. L'histoire québécoise nous apprend que les francophones ont été dominés par les anglophones. La jeune fille raciste et en même temps naïve, puisqu'elle n'imagine pas qu'un noir puisse mentir, tel qu'il est précisé dans le roman, est une étudiante anglophone de l'université McGill. La dénonciation du racisme et du rejet passe par l'histoire et l'impact émotionnel lié à la mémoire des victimes francophones de la discrimination par les anglophones se sentant un peu comme des « Nègres blancs des Amériques » ainsi que l'affirmait Pierre Vallières. Le racisme vient des autres, les anglophones, ce qui permet de le dénoncer au sein de la société québécoise francophone. La confiance, base de l'accord sur des projets

---

37. Lorena Gale, *Je me souviens*, *Voice of Her Own*, Introduction de Sherrill Grace, Toronto, Playwrights Canada Press, 2003, p. 61.

culturels comme la dénonciation de la stéréotypie
raciste, passe par le partage de l'histoire et de la mémoire,
donc par la reconnaissance de qui a été exclu, de qui l'est
et de qui il faut contrôler. Dès lors, les péripéties des
personnages du roman de Dany Laferrière sont populaires.

Prenons aussi un film intitulé *Ma vie en rose* où il s'agit
cette fois de voir non pas comment s'établit l'accord mais
comment se génère le désaccord. C'est l'histoire d'un jeune
garçon qui décide de se conduire et de s'habiller comme
une fille. À chaque fois qu'il fait face à une réaction
négative, il devient encore plus théâtral. Sa mère lui dit
qu'il « déménage » complètement, c'est-à-dire qu'il
migre en dehors des évidences du groupe. Finalement, sous
les rejets des voisins, toute la famille doit déménager très
physiquement de peur de la contamination pour les autres
enfants qui trouvent, quant à eux, fort agréable de jouer
de diverses images de soi. Ainsi, se conduire différemment
oblige à déménager (processus victimaire et bouc
émissaire) comme déménager nécessite de se conduire
différemment et d'apprendre d'autres normes (migration
et possibilité de discrimination) pour tenter de créer des
rapports de confiance. Alors, quand il n'y a pas d'accord
sur histoire et mémoire, comment, de nos jours, peut se
générer l'accord ? Peut-être par le partage du succès !

3. L'échec/le succès

Margaret Atwood, comme d'autres, a souligné que les
figures marquantes au Canada étaient des figures liées à
l'échec ou à des succès mitigés, comme Papineau, par
exemple. Dans le contexte colonial menant à une

indépendance à petits pas, les grandes figures, style statues équestres qui émaillent les places de l'indépendance des Républiques sud-américaines ou encore le mythe de la « Destinée manifeste[38] » des États-Unis, sont absentes. Au Canada, jusqu'à récemment, on a visé à ne pas dépasser une certaine norme consensuelle et à œuvrer dans la négociation plutôt que dans la passion et le controversé, qui est encore un terme à connotations généralement négatives. On a parlé surtout d'échec, de victime, de *losers*, beaux ou pas, d'être né pour un petit pain comme l'a bien analysé Margaret Atwood dans *Survival :* « Let us suppose, for the sake of argument, that Canada as a whole is a victim, or an "oppressed minority", or "exploited". Let us suppose in short that Canada is a colony[39] ». Dans son optique, cela concerne d'ailleurs autant les gens nés au Canada que les immigrants. Voilà ce que dit Margaret Atwood de « Last Spring They Came Over » de Morley Callaghan : « Canada does pretend to offer a promise : she seems to offer newcomers a chance to exploit her : but this promise is seldom kept, at least in fiction. The would-be exploiters become the exploited, as they join the swelling ranks of Canadian victims[40] ». Mais ce n'est pas l'échec qui crée confiance et solidarité créatrice.

---

38. Patrick Imbert, « Destino Manifesto », Zila Bernd (dir.), *Dicionário de Figuras e Mitos Literários das Américas*, Porto Alegre, Universidade Federal do Rio Grande do Sul/Tomo ed., 2007, p. 178-184.

39. Margaret Atwood, *Survival*, Toronto, Anansi, 1972, p. 35.

40. *Ibid.*, p. 151.

Déjà, au XIXᵉ siècle, certains en étaient conscients, mais ils ont fini sur l'échafaud à l'instar de Chevalier de Lorimier reconnaissant que le succès peut contribuer fortement à créer une communauté : « car il n'est hélas que trop vrai que, de nos jours, le succès seul fait le mérite[41] ». Voilà qui implique que ce n'est pas la valeur en soi d'une option qui s'impose mais plutôt que le fait qu'elle s'impose invente la communauté. Ceci est corroboré à sa manière par Walter Bagehot un des penseurs fondamentaux d'un XIXᵉ siècle emporté par la science alliée au Darwinisme social : « The majority of the "groups" which win and conquer are better than the majority of those which fail and perish, and thus the first world grew better and was improved[42] ».

De nos jours, dans les dynamiques mondialisées reposant sur la capacité à prendre de l'expansion et à cumuler savoirs et pouvoirs, être victime et jouer de son statut de victime peut apporter des avantages. En effet, dans le contexte postcolonial, les exclus peuvent demander réparations et gagner une reconnaissance et du pouvoir symbolique comme économique tout en s'engageant dans la dynamique de compétition qui leur avait été jusqu'ici interdite par les conduites de dominance étudiées

---

41. James Huston, *Le répertoire national*, vol. 2, Montréal, VLB Éditeur, 1982, p. 100, extrait de Napoléon Aubin.
42. Walter Bagehot, *Physics and Politics; or, Thoughts on the application of the principles of "natural sélection" and "inheritance" to political society*, Westport, Conn., Greenwood Press, 1973, p. 218.

notamment par Homi Bhabha[43]. Toutefois, ceci ne peut qu'être une étape transitoire vers l'affirmation de pouvoirs et de capacités à s'affirmer comme on le voit dans de nombreux textes provenant d'écrivains migrants qui rejettent tous le statut de victime et le ghetto. C'est ce que souligne un personnage de Marco Micone dans *Gens du silence*. Ce personnage est passé d'une perspective de victime intégrant une vision de dominé à l'expression d'un désir énergique de faire partie de la dynamique canadienne et d'obtenir sa part des richesses : « Je n'ai aucune envie d'écrire des pièces sur le thème : "C'hus dans marde et j'y reste" pour voir ensuite critiques et universitaires en mal de publications pontifier sur l'implacabilité du destin.[44] » Cette attitude est reprise par l'écrivaine d'origine chilienne Marilú Mallet dans *Miami Trip* : « J'en ai assez… d'être pauvre, de fréquenter des insignifiants, des quelconques… je veux de l'argent et j'en aurai[45]. » Quant à Dany Laferrière, la plupart du temps ses personnages affirment comme dans *Cette grenade dans la main du jeune nègre est-elle une arme ou un fruit* ou encore dans *Comment conquérir l'Amérique en une nuit,* qu'ils veulent l'Amérique tout entière. Ce discours est similaire

43. Homi Bhabha, "Of Mimicry and Man. The Ambivalence of Colonial Discourse", *October*, 28, Spring 1984, p. 125-133.
44. Marco Micone, *Gens du silence*, Montréal, Québec/Amérique, 1982, p. 95.
45. Marilú Mallet, *Miami Trip*, Montréal, Québec/Amérique, 1986, p. 39.

à celui que tient un des personnages de Monique Proulx dans *Les aurores montréales* :

> Comme toi, j'en ai assez d'être une immigrante. Comme toi, je m'insurge contre ceux qui se pelotonnent dans l'état immigrant comme dans une maladie inguérissable. Mes parents me parlent anglais depuis que je suis née, anglais et italien pour me garder immobile, cramponnée à nos familles de Saint-Léonard et au rêve américain… Je suis née ici, je ne suis pas une immigrante, je veux occuper le territoire[46].

Il est clair que ces personnages ne manifestent pas de nostalgie à l'égard d'un lieu de naissance produit par le hasard et qu'ils ne veulent pas partager les ressentiments, ni de leurs parents, ni de la société d'accueil, fondés sur le passé propre aux gens nés sur le territoire et issus de parents dits de souche[47]. Les sociétés nord-américaines sont de plus en plus définies culturellement par des points de vue qui s'engagent dans les transformations techno-culturelles et dans la légitimité des déplacements qui emportent la planète, ce qui signifie aussi ne pas

---

46. Monique Proulx, *Les aurores Montréales*, Montréal, Boréal, 1996, p. 96.
47. Voilà qui justifierait la vision de Pierre Elliott Trudeau dans *Le fédéralisme et la société canadienne-française*. Il avait théorisé le multiculturalisme pour échapper en autre au dualisme anglophone/francophone et aux ressentiments répétés des deux communautés qui bloquaient les transformations nécessaires au Canada.

s'identifier au rôle de victime comme on l'a vu plus haut avec Salvatore Filippo.

Le succès, la capacité à prendre sa place au soleil et à se vivre comme indépendant et responsable dans l'accès à de multiples contextes sont les valeurs qui font que les rencontres peuvent échapper à l'indifférence ou au très temporaire. Ce ne sont pas des nostalgies différentes qui définissent les solidarités mais les effets de bien-être dans un présent qui promet l'avenir. Le succès est un moteur important de la faculté à coopérer.

4. Transculturalité et non-relativisme : le rejet de la vérité mais la capacité de pointer le mensonge

Le succès s'obtient dans ce monde de légitimité des déplacements par l'accès à de multiples expériences dans des manières diverses de se contextualiser avec des enjeux complexes. Être multilingue, polyculturel et savoir capitaliser connaissances et savoir-faire sont des atouts importants. Autrement dit, pour s'épanouir, il s'agit de fonctionner en partie comme un caméléon, ce que signalent des créateurs comme Éric Dupont, Bill Schermbrucker, Yann Martel (« I could identify with up to three of those groups, which made me not so much a hybrid as a chameleon[48]. »), Douglas Coupland, Pico Iyer ou George Rodrigue :

> The wonderful thing about Blue Dog is that she's never hung up on playing a specific role ; she will happily

---

48. Yann Martel, *Self*, Toronto, Knopf, 1996, p. 238.

> inhabit any world I put her in. Within Blue Dog is
> the history of the Cajun people and the history of
> myself, my joys and fears and visions, both of the world
> around me and the world yet to come… Through Blue
> Dog I can process the world around me, with all its
> complexity. Color, noise, and absurdity. The paintings
> in this book reflect this new path[49].

N'oublions pas ce que souligne la journaliste Joan Delaney : « Even though most of his family members are Muslim, Boudjenane says that "because his sister-in-law and niece are Christians, the whole family celebrates both Christmas and Ramadan. That's what being Canadian is all about", he says[50] ». Cette attitude a pour corollaire le fait que Piscine Patel dans *L'histoire de Pi* veut à la fois être bouddhiste, chrétien et musulman ce qui scandalise les représentants officiels de ces religions pour qui la vérité est une. Justement, dans le contexte contemporain, la vérité est plutôt perçue comme un discours aux mains de certaines élites imposant leurs exclusions qui peuvent aller jusqu'au meurtre et au génocide, donc un discours mensonger et destructeur.

Dans ce désir de caméléoner, ce qui se met en place est donc une nouvelle éthique du complexe qui mène à reconnaître l'autre en soi et soi en l'autre comme l'appelle de ses vœux Emmanuel Lévinas évitant toute fascination

---

49. George Rodrigue and Tom Brokaw, *Blue Dog Man*, New York, Stewart, Tabori and Chang, 1999, p. 21.
50. Joan Delaney, "Political correctness gone too far?", *The Epoch Times*, December 22-28, 2006, p. 1.

pour le statisme platonicien comme pour la visée vers la synthèse hégélienne. Dans cette dynamique se crée une place légitime pour l'autre qui permet aussi de reconnaître ce qui, de lui, est inacceptable et doit être combattu afin que tous et toutes puissent s'épanouir dans leur potentiel le plus large. Comme le souligne Salman Rushdie, il faut que nous nous demandions, et que « tous les musulmans dans le monde entier, [...] s'interrogent pour savoir pourquoi la foi qu'ils vénèrent produit tant de mutations virulentes[51]. » La nouvelle culture du flux, de l'accès et du complexe conduit à saisir que, s'il est impossible de dire la Vérité, il est possible de pointer le mensonge. Et le mensonge le plus grand est d'affirmer la Vérité en tuant des gens en son nom pour être certain d'aller au paradis ou pour contrôler l'homogénéité d'un État. C'est une des leçons éthiques à tirer des textes aux cris bercés à la fois par la mémoire des tortures subies à Haïti sous Duvalier et par les rêves les plus intenses face à l'avenir issus des poèmes de Gérard Étienne : « Je rentre maintenant dans les plaies de l'histoire/ à côté de l'esclave/ heureux de manger mon corps pour la vie à construire[52] ». C'est aussi une des leçons éthiques à tirer des romans du réalisme magique comme ceux de Gabriel Garcia Marquez ou des nouvelles d'Isabel Allende comme *Stories of Eva Luna* dans lesquels la dénonciation des tortionnaires et des dictatures se couplent à la magie de vies ouvertes aux mystères du monde.

---

51. Salman Rushdie, *Le Devoir*, jeudi 4 octobre 2001, p. A7.
52. Gérard Étienne, *Cri pour ne pas crever de honte*, Montréal, Nouvelle optique, 1982, p. 65.

Dans la situation où il n'y a ni vérités absolues ni vérités relatives garanties par l'histoire et par des procédures herméneutiques particulières, il reste quand même quelque chose de fondamental qui différencie les fonctionnements libéraux et démocratiques des dictatures ou des fondamentalismes reposant sur l'arbitraire total de discours générés à volonté par de petits groupes au pouvoir. C'est le fait que, s'il est impossible de dire la vérité, il est toujours possible de pointer le mensonge. Une dictature ou un régime fondamentaliste, passe son temps à obliger les gens à croire, ou à tout le moins à agir comme s'ils croyaient qu'il y a une vérité absolue, tout en niant que des meurtres institutionnels ou des génocides ont lieu. La transculture de la démocratie contemporaine suppose qu'il n'y a pas de vérité, seulement des discours stratégiques, mais qu'il est possible de pointer le mensonge et que cela passe entre autres par le fait de reconnaître qu'il y avait des gens vivants et que maintenant ils sont morts. Point de disparus, mais des charniers à mettre à jour comme au Guatemala, dans l'ancienne Yougoslavie, au Cambodge, au Rwanda, en Argentine. La littérature dans sa visée vers le transculturel et dans son ouverture aux mystères, à la gravitation des mondes, aux incertitudes des productions de significations, devient en même temps témoignage au sens de *Testimonio* à partager au-delà de la désinformation par les médias et les histoires officielles diffusées par les agences gouvernementales et les pédagogies scolaires.

La transculture, de ce fait, ne repose pas sur le paradigme binaire vérité/mensonge mais sur le fait de souligner que ce paradigme est le mensonge ultime à l'origine des génocides. Pointer le mensonge, dans le cadre d'une épistémologie fondée sur la contingence, comprise comme impossibilité de se connaître complètement par le biais d'une quelconque transparence du langage, est un des éléments moteurs d'une transculture mettant en place un individu responsable, critique et libre qui sait reconnaître les différents points de vue inventant le monde et qui sait agir efficacement contre l'inacceptable. La transculture rejoint ainsi la conception que la société des savoirs reconnait l'utilité de l'ignorance, non pas celle de ceux qui sont démunis d'accès aux connaissances ni celle de l'orthodoxie qui braille ses stéréotypes ou qui vise le pratique immédiat, mais celle qui est génératrice de questionnements fondamentaux et permanents : *Tout ce que je sais est que je ne sais rien*[53] !

5. La transculturalité comme visée vers le pratique

La transculturalité, en tant qu'elle a pour but de se mettre à la place de l'autre comme on le voit dans les réincarnations homme/femme, colonisateur/colonisé du roman *The Law of Love* de Laura Esquivel, a partie

---

53. Voir à ce sujet Felipe Fernandez Armesto, "Ignorance is Strength", *CAUT Bulletin/Bulletin ACPPU*, June 2012/juin 2012, p. 5 : « Ignorance stimulates enquiry. Knowledge-except in as much as it alerts the knower to some previously undetected instance of ignorance- tends to arrest it". Voir aussi l'ouvrage de Peter Burke, *A Social History of Knowledge II : From the Encyclopédie to Wikipedia*, Cambridge, Polity Press, 2012.

liée aux déplacements symboliques et se nourrit de rencontres mouvantes demandant des adaptations rapides à des contextes divers où il faut être efficace d'autant plus que différences et rapports de pouvoir vont de paire. En effet la différence est toujours liée à l'altérité qui est la différence à laquelle on ajoute le poids du groupe de référence qui tend à contrôler la manière dont on (dé)valorise la différence. C'est pour cela que la transculturalité permet de comprendre les distinctions à établir pour parvenir à faire fonctionner harmonieusement des groupes divers, notamment celles entre multiculturalisme et interculturalisme.

En effet, si le multiculturalisme laisse les immigrants libres de choisir la langue qui leur convient dans le contexte de l'omniprésence de l'anglais, il ne peut en être ainsi dans le contexte du Québec à majorité francophone mais minoritaire au Canada. Dans ce cas pour éviter que les nouveaux arrivants deviennent parfois inconsciemment des sources d'assimilation, il est nécessaire pour protéger la différence francophone, d'imposer l'apprentissage du français aux immigrants. La loi 101 en effet impose que les enfants des immigrants se rendent à l'école française car elle se fonde sur une mémoire de victimisation du français par la majorité anglaise aboutissant à des conséquences désastreuses du point de vue économique et culturel. De plus, la loi 101 interdit aux enfants de francophones d'aller à l'école anglaise, car l'histoire des francophones au Canada rappelle qu'ils ont souvent été forcés d'étudier en anglais puisque, par exemple, le règlement 17 en Ontario interdisait l'usage du français dans les écoles. Si le multiculturalisme ne parvient pas à repérer les points de litige et les dominations dans les rapports entre les groupes et laisse libre le choix de la langue ce qui a des conséquences néfastes pour les femmes qui restent parfois prises dans des relations de dominées car elles ne parlent que la langue d'origine et n'ont accès au monde nouveau que par le truchement du mari, c'est parce qu'il se fonde trop sur une conception traditionnelle de la culture comme contenu ethnique à préserver face à un monde dont la langue commune, l'anglais, domine, mais dont les cultures véhiculées par cette langue sont multiples. La transculturalité par contre tend à prendre en compte les relations multiples qui entrent en jeu dans toute rencontre et qu'il faut gérer ces entrecroisements linguistico-discursivo-culturels en fonction de rapports de pouvoirs divers.

Pour mieux saisir l'optique de la transculturalité, on peut prendre l'exemple d'un bébé fille né dans les années soixante dans un couple qui s'entend bien et dont le père est un gestionnaire qui réussit tandis que la mère tout aussi diplômée doit faire face à de nombreux obstacles comme le fait de ne pouvoir signer une hypothèque sans l'assentiment de son mari lorsqu'elle veut investir son argent dans des maisons qu'elle désire louer. Dans ce cas, la petite fille est formée selon deux discours qui entrent en collision, celui du père content de son sort et celui de la mère plein de ressentiments contre le machisme institutionnalisé. Le père s'insère dans la continuité historique d'une nation qui lui permet de se réaliser et de prendre de l'expansion. La mère qui fonctionne dans ce contexte construit sa mémoire de ressentiments dans ses frustrations de victime dépendante.

Dans la visée vers le changement et l'amélioration de la vie, le père n'a qu'à se consacrer aux buts visant à contrôler le monde extérieur économique. La mère doit se consacrer à la fois au monde extérieur économique et aux relations d'exclusion qu'il va falloir éliminer par des modifications culturelles et légales. De plus, pour aboutir à des changements dans son milieu de travail, elle devra souligner le besoin de changement mais sans se poser en élément qui pourrait devenir majoritaire ou dominant car ceux qui détiennent le pouvoir, même s'ils sont ouverts, ne pourront accepter de perdre leur place dominante. Ce serait comme si les francophones qui demandent le bilinguisme voulaient imposer le français comme langue dominante. Voilà qui rappelle l'ouvrage *Bilingual Today, French Tomorrow*, d'un auteur comme Jock V. Andrew[54]. Autrement dit, la mère de la petite fille devra rester minoritaire face au patrimoine discursif en place. Que va faire la fille qui a accès à ces deux discours ? Elle peut intégrer le discours du père pour pénétrer le centre du pouvoir et travailler simultanément avec le discours de la mère pour aboutir à des changements ouvrant sur la reconnaissance et le transculturel. Sa bidiscursivité issue de ses images de soi produites dans la relation père/mère, discours machiste/discours féminin constitue un exemple de transculturalité car dès sa naissance elle est inventée par au moins deux cultures et saura peut-être se révéler agente de changement, choisir une troisième voie, face à ces antagonismes dualistes.

---

54. Jock V. Andrew, *Bilingual Today, French Tomorrow*, Richmond Hill (Ontario), BMG publisher, 1977.

Conclusion

> *I make the same demands of people and fictional texts,*
> *petit- that they should be open-ended, carry within them*
> *the possibility of being and of changing whoever it is they*
> *encounter*[55].

Dans ces dynamiques contemporaines, la littérature n'est plus perçue comme issue d'un terreau sémantique laïcisant le récit biblique d'Adam issu du sol et justifiant le nationalisme, ou d'une intention sémantique visant l'unique qu'il faudrait retrouver dans son authenticité. Elle est plutôt tournée vers des extérieurs rejoignant l'intérieur et vice versa. Elle porte l'autre en soi comme le démontre aussi la réaction de Piscine Patel, le rescapé du radeau avec le tigre, lorsqu'il produit, pour les Japonais représentant de la compagnie d'assurance, l'histoire qu'ils veulent entendre, une histoire fondée sur la violence fondatrice mimétique et la production d'un bouc émissaire comme l'étudie René Girard, plutôt que l'histoire incroyable de survie avec un tigre. Cette adaptation au contexte rejoint Dany Laferrière : « "Êtes-vous un écrivain haïtien, caribéen ou francophone ?" Je répondis que je prenais la nationalité de mon lecteur. Ce qui veut dire que quand un japonais me lit, je deviens immédiatement un écrivain japonais[56] ».

---

55. Patricia Duncker, *Hallucinating Foucault*, Hopewell, New Jersey, *The Ecco Press*, 1996, p. 107.

56. Dany Laferrière, *Je suis un écrivain japonais*, Montréal, Boréal, 2008, p. 30.

Le caméléonage littéraire accepte désormais que les marges fassent partie du texte. Les commentaires dans les marges sont légitimes, ce que souligne Umberto Eco en 1990 dans *Le pendule de Foucault* en continuité, par exemple, avec l'école de Safed en Israël. La conception polyculturelle de la lecture renoue avec certaines théories scientifiques sur l'observation comme interaction productrice de données entre observateur et environnement. Ce rôle constructeur de l'observateur est souligné de façon vulgarisée par un penseur comme Fritjhof Capra dans *The Tao of Physics*[57]. Cette vision nous renvoie à une conception chaotique[58] du monde qui se manifeste aussi dans les nombreuses publicités publiées dans les Amériques, où on incite les lecteurs à produire de multiples significations à partir d'une image ou d'un texte[59]. Ainsi, à partir d'une pince à linge, Xpedior dit : « Some see a clothespin, a couple hugging and kissing, some see a painful antidote for snoring, sheets blowing from a clothesline on a breezy spring day, an alligator standing on his hind legs[60] ». La signification unique n'est pas. Elle provient de constructions issues de la rencontre

---

57. Fritjhof Capra, *The Tao of Physics*, London, wild wood House, 1975, 1982.
58. Valérie Mandia, « Les mosaïstes et le chaos entre savoir et "nature" », Patrick Imbert (dir.), *Américanité, cultures francophones canadiennes et société des savoirs*, Ottawa, Chaire de recherche de l'Université d'Ottawa : Canada : enjeux sociaux et culturels dans une société du savoir, 2009, p. 145-189.
59. Patrick Imbert, 2004.
60. *Forbes*, May 29, 2000, p. 117.

qui dépend des contextes changeants comme des cacophonies de stéréotypes modelant les lectures. Voilà qui montre bien qu'on a désormais affaire, à Montréal, à Toronto, à New York, à Mexico, à Rio de Janeiro ou à Buenos Aires, à une littérature qui, comme certains best-sellers, on pense en particulier à *L'histoire de Pi* écrit par un Montréalais francophone en anglais et qui a obtenu le Booker Prize et la consécration de ventes mondiales dans les aéroports, échappe aux liens étroits canon/État-Nation pour déboucher sur une transculture qui couvre la planète.

Nous voilà loin de la littérature comparée conçue jusque dans les années 1970 comme une tentative d'établir des ponts et des similarités thématiques ou mythiques par-delà des frontières nationales contraignantes. De nos jours, le livre échappe en partie à son environnement herméneutique national, à la séparation des espèces dans le zoo comme le montre Yann Martel dans *L'histoire de Pi*, pour aboutir parfois, comme pour ce dernier roman, à une quasi-parabole permettant les lectures multiples et transversales ouvertes à une forme de cosmopolitisme transculturel[61].

Bibliographie

Aguinis, Marcos, *El atroz encanto de ser argentinos*, Buenos Aires, Planeta, 2002.

---

61. Jean-François Côté, « Une américanité cosmopolite », *Sociologie et sociétés*, Vol. 38, n° 2, 2007, p. 243-251.

Andrew, Jock V., *Bilingual Today, French Tomorrow*, Richmond Hill (Ontario), BMG publisher, 1977.

Atwood, Margaret, *Survival, a Thematic Guide to Canadian Literature*, Toronto, Anansi, 1972.

Bhabha, Homi, "Of Mimicry and Man. The Ambivalence of Colonial Discourse", *October*, 28, Spring 1984, p. 125-133.

Bagehot, Walter, *Physics and Politics; or, Thoughts on the application of the principles of "natural sélection" and "inheritance" to political society*, Westport, Conn., Greenwood Press, 1973.

Bersianik, Louky, *Le Pique-Nique sur l'Acropole*, Montréal, VLB Éditeur, 1979.

Bouchard, Gérard et Michel Lacombe, *Dialogue sur les pays neufs*, Montréal, Boréal, 1999.

Bissoondath, Neil, *Le marché aux illusions*, Montréal, Boréal, 1993.

Burke, Peter, *A Social History of Knowledge II : From the Encyclopédie to Wikipedia*, Cambridge, Polity Press, 2012.

Capra, Fritjhof, *The Tao of Physics*, London, Wildwood House, 1975, 1982.

Cohen, Leonard, *Beautiful Loser*, New York, Viking, 1966.

Côté, Jean-François, « Une américanité cosmopolite », *Sociologie et sociétés*, Vol. 38, n° 2, 2007, p. 243-251.

Delaney, Joan, "Political correctness gone too far?", *The Epoch Times*, December 22-28, 2006, p. 1.

Demirkan, Murat, *L'enseignement et la théâtralité*, Istambul, Mavi Cizgi, 2003.

Depestre, René, *Alléluia pour une femme-jardin*, Paris, Gallimard, coll. « Folio », 1981.

Duncker, Patricia, *Hallucinating Foucault*, Hopewell, New Jersey, *The Ecco Press*, 1996.

Dupont, Éric, *La logeuse*, Montréal, Marchand de feuilles, 2006.

Esquivel, Laura, *The Law of Love*, New York, Crown, 1996.

Étienne, Gérard, *Cri pour ne pas crever de honte*, Montréal, Nouvelle optique, 1982.

Fernandez Armesto, Felipe, "Ignorance is Strength", *CAUT Bulletin / Bulletin ACPPU*, June 2012/juin 2012, p. 5.

Ferron, Jacques, *La Nuit*, Montréal, Parti-pris, 1965.

—, *Contes*, Montréal, Hurtubise HMH, 1985.

Filewod, Alan, "From Twisted History : Reading *Angélique*", Marc Maufort et Franca Bellarsi (Eds.), *Sitting the Other : Re-visions of Marginality in Australian and English-Canadian Drama*, Brussels, PIE-Peter Lang, 2001, p. 279-290.

Fontille, Brigitte et Patrick Imbert, *Trans-inter-multiculturalité, trans-inter-multidisciplinarité*, Québec, PUL, 2012.

Frye, Northrop, *The Bush Garden*, Toronto, Anansi, 1971.

Gale, Lorena, *Angélique*, Toronto, Playwrights Canada Press, 2000.

—, *Je me souviens, Voice of Her Own*, Introduction de Sherrill Grace, Toronto, Playwrights Canada Press, 2003.

Girard, René, *Things Hidden Since the Foundation of the World*, London, Athlone, 1987.

Glissant, Édouard, *Pour une poétique du divers*, Paris, Gallimard, 2000.

Huston, James, *Le répertoire national*, vol. 2, Montréal, VLB Éditeur, 1982.

Imbert, Patrick, « Destino Manifesto », Zila Bernd (dir.), *Dicionário de Figuras e Mitos Literários das Américas*, Porto Alegre, Universidade Federal do Rio Grande do Sul/Tomo ed., 2007, p. 178-184.

—, « Transculturalité et Amériques », Afef Benessaieh (dir.), *Transcultural Americas / Amériques transculturelles*, Ottawa, Presses de l'Université d'Ottawa, 2010, p. 39-68.

Kymlicka, Will, *Multicultural Citizenship : A Liberal Theory of Minority Rights*, Oxford, Oxford University Press, 1995.

—, *Multicultural Odysseys*, Oxford, Oxford University Press, 2007.

Laferrière, Dany, *Je suis un écrivain japonais*, Montréal, Boréal, 2008.

Mallet, Marilú, *Miami Trip*, Montréal, Québec/Amérique, 1986.

Mandia, Valérie, « Les mosaïstes et le chaos entre savoir et "nature" », Patrick Imbert (dir.), *Américanité, cultures francophones canadiennes et société des savoirs*, Ottawa, Chaire de recherche de l'Université d'Ottawa : Canada : Enjeux sociaux et culturels dans une société du savoir, 2009, p. 145-189.

Martel, Yann, *Self*, Toronto, Knopf, 1996.

—, *Life of Pi*, Toronto, Vintage, 2002.

Micone, Marco, *Gens du silence*, Montréal, Québec/Amérique, 1982.

Millington, Mark, "Transculturation : Taking Stock", F. Hernandez, M. Millington et I. Borden (Eds.), *Transculturation : Cities, Spaces and Architectures in Latin America*, Amsterdam, Rodopi, 2005. p. 204-233.

Ortiz, Fernando, *Counterpoint, Tobacco and Sugar*, New York, Knopf, 1947.

Paz, Octavio, *Le singe grammairien*, Paris, Flammarion, 1972.

Proulx, Monique, *Les aurores Montréales*, Montréal, Boréal, 1996.

Rama, Angel, *Transculturación narrativa en América latina*, Mexico, siglo XXI, 1982.

Rodrigue, George et Tom Brokaw, *Blue Dog Man*, New York, Stewart, Tabori and Chang, 1999.

Rushdie, Salman, *Le Devoir*, jeudi 4 octobre 2001, p. A7.

Salvatore, Filippo, "The Italian Writer of Quebec : Language, Culture and Politics", Joseph Pivato (Ed.), *Contrasts : Comparative Essays on Italian Canadian Writing*, Montréal, Guernica, 1985, p. 189-205.

Spiegelman, Art, *Maus*, New York, Pantheon Books, 1973.

—, *Maus II*, New York, Pantheon Books, 1986.

Touraine, Alain, *Critique de la modernité*, Paris, Fayard, 1992.

—, *Un nouveau paradigme*, Paris, Fayard, 2005.

Vallières, Pierre, *Nègres blancs d'Amérique*, Montréal, Parti-pris, éditions revue et corrigée, 1969 (c1968).

Welsch, Wolfgang, "Transculturality : the puzzling Form of Cultures Today", Mike Featherstone et Scott Lash (Eds.), *Spaces of Culture : City, Nation, World*, London, Sage, 1999, p. 194-213.

Bio-bibliographie

Patrick Imbert (1948) est professeur titulaire à l'Université d'Ottawa, titulaire de la Chaire de Recherche de l'Université : « Canada : Enjeux sociaux et culturels dans une société du savoir », (www.canada.uottawa.ca/winwin), vice-président de la Cité des cultures de la paix et Président sortant de l'Académie des arts et des sciences humaines de la Société royale du Canada (2009-2011). Ses recherches concernent les études canadiennes, le multiculturalisme, les identités des Amériques, les littératures québécoise et française et les théories de l'exclusion/inclusion. Il a publié 25 livres, 160 articles et donnés plus de 250 conférences. Il a aussi organisé plusieurs conférences internationales à Ottawa, Leipzig, etc.

Publications récentes : *Réincarnations*, Gatineau, Vents d'Ouest, 2004, roman, *Trajectoires culturelles transaméricaines*, Presses de l'Université d'Ottawa, 2004, *America's Worlds and the World's Americas/ Les mondes des Amériques et les Amériques du monde,* (dir. A. Chanady, G. Handley, P. Imbert), Legas/Université d'Ottawa, 2006, *Theories of Exclusion and of Inclusion and the Knowledge-Based Society*, Ottawa, 2008, *Trayectorias culturales latinoamericanas,* Buenos Aires, Galerna, 2009, *Estrategias autobiográficas en latinoamérica : Géneros-Espacios-Lenguajes,* (avec Claudia Gronemann et Cornelia Sieber, eds.), Hildesheim (Allemagne), Olms Verlag, 2010, *Multiculturalism in the Americas : Canada and the Americas,* Ottawa, University of Ottawa Research Chair : "Canada : Social and Cultural Challenges in a Knowledge Based Society" Publisher, 2011, *Bearing Witness : Perspectives on War and Peace,* (Sherrill Grace, Patrick Imbert, Tyffany Johnstone eds.), Montréal/Kingston, McGill/Queen's University Press, 2012, *Trans, multi, interculturality, trans, multi, interdisciplinarity / Trans, multi, interculturalité, trans, multi, interdisciplinarité* (dir. Brigitte Fontille et Patrick Imbert), Presses de l'Université Laval, 2012.

La contradiction dans le roman des Amériques

Héloïse Brindamour
Université d'Ottawa

Résumé

La découverte des Amériques a réveillé chez l'Européen le désir d'un paradis terrestre, d'un lieu qui pourrait satisfaire toutes ses aspirations de bonheur, de liberté, de grandeur. Cet idéal a toutefois rapidement été déçu, le choc de la rencontre avec d'autres civilisations créant une chaîne de violences qui n'a fait que replacer l'individu européen face à lui-même et à ses propres limites. La renaissance, la résurrection attendue n'a donc pas eu lieu, et la littérature moderne s'est notamment donnée pour tâche de faire état de cet échec de la réalité à correspondre aux aspirations humaines.

Cependant, la littérature postmoderne a contourné le mur contre lequel la modernité s'est écrasée, en avançant que la réalité objective est un leurre et qu'il existe autant de réalités que de points de vue sur elle (tous les êtres vivants adoptant une conception différente). Partant de là, il serait possible de se construire une vision de la réalité correspondant à ses propres désirs, tout comme il serait possible de s'inventer un « soi » qui satisferait à son idée. Cette thèse, qui n'est pas sans rappeler la machine à expériences inventée par le philosophe américain Robert Nozick (machine dont l'intérêt réside dans la possibilité pour ses utilisateurs de se choisir une existence virtuelle qui leur ferait éprouver les sentiments voulus et éviter les sentiments indésirables)[1], permet à l'individu d'accumuler les contradictions (grâce à l'accumulation de rencontres qui lui fournissent des points de vue de contradictoires) pour créer un sujet éclaté, tout comme la réalité qui l'entoure est éclatée. C'est dans la possibilité d'être éclaté, de vivre plusieurs existences à la fois, que l'individu s'accomplirait pleinement.

Introduction

LA NOTION DE RÉALITÉ unique et immuable s'est écroulée à l'époque moderne, notamment grâce à Hegel, qui a introduit (ou plutôt popularisé) l'idée d'une réalité changeante en constante contradiction avec elle-même. Cependant, la volonté d'universalisation des philosophes occidentaux est telle que Hegel n'a pu s'empêcher de construire un système fondé sur les contradictions qui se résoudraient en un Être unique, les englobant et les synthétisant toutes. Depuis, de nombreux penseurs se sont insurgés contre cette « dictature » de la raison et ont préféré conserver l'idée selon laquelle les choses du monde s'entrechoquent et entrent en relation les unes avec les autres, mais sans que l'une intègre l'autre pour en faire la synthèse. Notons toutefois que cette théorie poursuit le même but que celle de Hegel, à savoir celui de repousser

---

1. Robert Nozick, *Anarchy, State, and Utopia*, New York, Basic Books, 1974, 367 p.

les limites du monde dans lequel on vit pour parvenir à un infini. Et justement, la possibilité d'atteindre cet infini se trouve dans l'accumulation de rencontres qui laissent des traces contradictoires dans l'individu, permettant ainsi de créer un être éclaté aux visages multiples.

Par ailleurs, l'appartenance à une réalité qui elle-même possède des visages multiples permet à l'être éclaté de brouiller les frontières entre le réel et l'interprétation qu'il en fait, c'est-à-dire qu'il a la possibilité de choisir son existence, étant donné que la réalité objective n'existe pas. Tout passe donc par le filtre de sa subjectivité. En d'autres termes, dans ce qu'on a appelé la littérature « postmoderne », est véhiculée l'idée selon laquelle le réel (le monde sensible, dirait Platon) ne peut être appréhendé avec la prétention d'en acquérir une connaissance objective. Dès qu'un regard aborde le réel, il en produit une interprétation qu'il appose par-dessus, rendant du même coup impossible toute observation complète des faits, ceux-ci passant dès lors par le filtre du point de vue, qui ne pourrait en aucun cas être omniscient. On pourrait résumer cette idée par la formule : « il n'y a pas de faits, seulement des interprétations[2] ». On peut en tirer la conclusion selon laquelle l'opposition dualiste vérité/mensonge (dans le cas d'un témoignage ou d'un récit, par exemple) est désormais caduque[3]. C'est ce qui se produit

---

2. Friedrich Nietzsche, *Fragments posthumes : automne 1885 – automne 1887*, Paris, Gallimard, 1978, p. 305.

3. Sur la question, abondamment traitée et commentée, de l'abolition de la frontière entre vérité et mensonge dans le roman dit « postmoderne », par opposition au roman moderne, on pourra se rapporter aux auteurs et aux théoriciens suivants : Umberto Eco (par exemple, *Lector*

dans les romans *La nuit* de Jacques Ferron et *Life of Pi* de Yann Martel, de même que dans la nouvelle *La vallée Houdou* de Gabrielle Roy, tirée du recueil *Un jardin au bout du monde*. Cependant, on verra que le classique américain de F. Scott Fitzgerald, *The Great Gatsby*, témoigne plutôt de l'échec de cette volonté d'éliminer la frontière entre le réel et son interprétation (entre les faits *comme ils se sont véritablement produits* et les faits imaginés ou transformés par le prisme de certains points de vue déformants), son personnage principal aboutissant à une impasse ne pouvant résulter que dans la mort. On étudiera les moyens que prennent les trois autres auteurs pour sortir de cette impasse, moyens qui peuvent être appréhendés grâce aux théories d'Emmanuel Lévinas et d'Édouard Glissant, qui cherchent tous deux à s'éloigner de l'universalisme de Hegel pour entrer dans une poétique de la relation.

---

in fabula, Paris, Grasset, 1985); Richard Rorty (*Objetctivity, Relativism, and Truth*, Cambridge, Cambridge University Press, 1991); Brian McHale (*Constructing postmodernism*, New York, Routledge, 1992); Jacques Derrida (*De la grammatologie*, Paris, Éditions de Minuit, 1967), pour ne nommer qu'eux... Notons par ailleurs que la définition de ce que Jean-François Lyotard a appelé la condition postmoderne est loin de faire l'unanimité dans les cercles littéraires, qu'elle fait l'objet d'importantes nuances et parfois d'opinions contradictoires entre les théoriciens, notamment au sujet de la distinction entre le vrai et le faux.

1. Hegel contre Platon

Pour mieux comprendre les critiques que formulent Lévinas et Glissant envers Hegel, il importe de comprendre la pensée de ce dernier et surtout de comprendre le tournant révolutionnaire que son système a opéré dans la philosophie occidentale. Premièrement, notons que Hegel se pose en adversaire de la philosophie essentialiste de Platon. Chez Platon en effet, l'essence est une sorte de transcendance de la réalité sensible et peut se définir comme une unité et une identité. Ainsi le monde suprasensible (le « vrai » monde d'après Platon) est-il composé d'Idées, chacune unique et identique à elle-même. Celles-ci se manifestent dans le monde sensible par les choses, qui en sont comme un reflet. Par ailleurs, les Idées sont plurielles et elles sont en relation les unes avec les autres, tout en conservant leur identité, leur « essence » unique, un phénomène qui se répète dans le monde sensible où elles se reflètent. On peut donc voir qu'il y a, dans la pensée de Platon, un gouffre entre le monde des Idées et le monde des « choses », gouffre infranchissable mais tout de même perceptible par l'esprit humain (grâce aux signes que sont les choses), qui aspire au monde des suprasensibles sans toutefois pouvoir y accéder. En effet, l'esprit humain aspire au Beau, au Vrai, au Bien, le Bien étant l'Idée suprême qui englobe toutes les autres. La théologie chrétienne a repris ce système de pensée, substituant à l'Idée suprême du Bien formulée par Platon celle d'un Dieu qui, s'il est transcendant à la réalité, s'y fait tout de même présent, charnel, tout en restant unique et identique à lui-même. Cela signifie que l'Idée rejoint l'histoire, la temporalité humaine, s'y incarne dans des signes concrets. La réalité parle donc d'une autre réalité qui est la Vérité, accessible dans une certaine mesure à l'esprit humain, qui reconnaît la présence d'un Mystère mais ne peut mesurer ce Mystère, le percer[4].

Pour Hegel, cette notion de l'Être unique et identique à lui-même est impensable. D'abord, la raison étant la mesure de la réalité, Hegel prétend qu'il est possible pour elle de la saisir dans son entièreté. Le sens ne serait pas transcendant à la raison, mais bien immanent à elle. Le monde des Idées est donc relégué aux oubliettes. Mais la principale critique que formule Hegel à l'encontre de la philosophie essentialiste de Platon est que celle-ci prête aux êtres une identité unique et non contradictoire. Les choses sont ce qu'elles sont, elles ne peuvent être autre chose en même temps. Leurs rapports réciproques n'altèrent en rien leur nature. Ce principe d'identité est réfuté par Hegel, pour qui « [l]es choses n'ont de réalité que dans et par leurs rapports réciproques[5] », un principe qu'il appellera « l'universelle relativité[6] ». Hegel part donc de ce principe pour s'opposer ensuite à la notion de non-contradiction (qu'on a paradoxalement nommée principe de contradiction) qui jusqu'alors a caractérisé

---

4. Pour plus de détails sur les rapports entre le monde des Idées et le monde sensible chez Platon, on pourra consulter Paul Ricœur, *Être, essence et substance chez Platon et Aristote*, Paris, Seuil, 2011.

5. Georges Noël, *La logique de Hegel*, Paris, Librairie philosophique, coll. « Bibliothèque d'histoire de la philosophie », 1967, p. 7.

6. *Ibid.*

la philosophie occidentale. En effet, comme toutes les « choses » (pensées, idées ou réalités) ne sont *que* relations, il est impensable de les considérer comme uniques, ainsi chaque chose « prise en soi, isolée de ses relations, est contradictoire et fausse […] [, car] tout effort pour la ramener à elle-même et la saisir dans son indépendance absolue a pour effet de la supprimer[7] ». L'exercice de la raison, qui tente de saisir le réel, de le figer dans l'instant, est donc un constant va-et-vient entre l'affirmation de l'être et sa négation. Ainsi, la réalité n'est pas composée d'essences immuables, mais de devenirs successifs en contradiction constante les uns avec les autres, et c'est cette contradiction qui assure leur réalité. Toute essence se fond dans l'instant et tombe aussitôt dans un non-être qui entraîne une nouvelle essence, et ainsi de suite. La loi du monde devient donc la contradiction, l'être étant « essentiellement muable et transitoire[8] ».

2. Lévinas contre Hegel

Cependant, il faut noter que l'objectif de Hegel est de produire une sorte de synthèse qui se résoudrait dans une Unité fondamentale, accessible par la raison. En effet, il n'est pas question de laisser l'esprit rester suspendu dans un vertige. Pour résumer, disons que les forces contradictoires (contradictoires en cela qu'elles ne cessent de s'affirmer elles-mêmes puis de se nier successivement) viennent à l'existence, à la concrétisation,

---

7. *Ibid.*
8. *Ibid.*, p. 27.

dans l'Un. Cet « Un » résulte de la fusion de l'être et du non-être d'un « quelque chose » qui est encore à l'état purement hypothétique ou abstrait. Toutefois, l'Un existant est encore soumis à la notion de contradiction et de devenir constant car lui aussi ne cesse de se repousser lui-même (de se nier). Ce mouvement continuel de répulsion et d'attraction continuelle a pour effet d'engendrer une pluralité « d'uns », qui à leur tour se repoussent et s'attirent mutuellement, leur attirance résultant à nouveau en la production d'une unité. Le dualisme contradictoire de l'être et du non-être vient donc se régler dans une sorte de troisième élément, une synthèse des deux qui rétablit l'homogénéité au sein du devenir.

Ainsi, on peut dire que la pensée de Hegel est totalisante, ce que nombre de philosophes occidentaux n'ont pas manqué de lui reprocher par la suite, les plus féroces tels Kierkegaard et Nietzsche n'hésitant pas à transformer le terme « totalisante » en « totalisatrice ». Emmanuel Lévinas se montre lui aussi très critique envers le système de Hegel. Le principal reproche qu'il lui fait est que sa philosophie a occulté l'idée de « l'Autre » pour fondre ce dernier dans le « Même », c'est-à-dire que la pensée du soi aspire à l'infini, à un absolu qui, si l'on peut dire, mangerait l'autre pour l'intégrer à lui-même. À l'opposé, Lévinas veut mettre en place une philosophie de l'autre qui plutôt que d'étendre le soi à l'infini, veut accueillir *l'autre* à l'infini, permettant à celui-ci de provoquer le soi, de l'ébranler, ce que Lévinas appelle « l'épreuve de l'Autre[9] ».

---

9. Ari Simhon, *Lévinas critique de Hegel*, Paris, Ousia, 2006, p. 73.

Il s'agit donc pour le soi de s'ouvrir à l'autre, de le laisser pénétrer jusqu'à être transformé. Cette ouverture est, comme l'étendue du soi de Hegel, illimitée, elle est capacité d'accueil à l'infini. Ainsi le soi ne se résout-il pas en une synthèse de lui-même (une synthèse de ses forces contradictoires et non contradictoires), une troisième voie qui rétablit son unité, mais il s'ouvre à une pluralité d'autres qui vont contribuer à son devenir. On pourrait donc dire que, les rencontres pouvant se produire à l'infini aussi longtemps que le soi s'ouvre à cette possibilité, on est en présence d'un jeu à somme non nulle[10], c'est-à-dire que le soi peut accumuler rencontre après rencontre et ainsi être transformé, être continuellement en mutation.

3. L'accumulation des rencontres

C'est d'ailleurs cette idée de rencontres plurielles et transformatrices qu'on retrouve dans *La nuit* de Jacques Ferron, dans *Life of Pi* de Yann Martel et, dans une moindre mesure, dans *The Great Gatsby* de Scott Fitzgerald. En effet, les rencontres successives que font les personnages principaux laissent des traces en eux, les pénètrent. Notons que pour comprendre ce qu'on entend par « traces », la théorie d'Édouard Glissant peut s'avérer utile. Chez Glissant, la notion de trace s'oppose à celle de

---

10. Patrick Imbert, « Société des savoirs et transformations culturelles », Patrick Imbert (dir.), *Le Canada et la socié-té des savoirs*, Ottawa, Chaire de recherche de l'Université d'Ottawa : « Canada : enjeux sociaux et culturels dans une société du savoir », 2004, p. 11-80.

l'identité singulière et unique à laquelle toute la philosophie occidentale s'est accrochée (notamment Hegel, malgré son intention de s'en détacher), dans sa prétention à formuler un système de pensée cohérent et universel. Glissant utilise le terme de trace pour parler de la créolisation qui s'est opérée dans les Amériques lors de la colonisation par les Occidentaux accompagnés de leur main-d'œuvre africaine esclave. Cette créolisation est le produit – imprévisible – de la rencontre violente entre trois altérités, l'une de ces altérités (les esclaves noirs) particulièrement dépouillée de tout ce qui la constituait auparavant mais qui conserve néanmoins des traces de ses croyances, de ses rythmes, de son art, des traces qui viennent se graver dans le nouveau produit de la créolisation.

Un aspect essentiel de la théorie de Glissant est l'*imprévisibilité* du résultat de la créolisation. En effet selon Glissant il est impossible de déterminer à l'avance le produit d'une rencontre entre plusieurs altérités (plus de deux) et c'est ce qui distingue la créolisation du métissage, où l'on fait un croisement entre deux altérités. Ainsi, la rencontre donne un résultat imprévisible, crée la surprise, et cette surprise crée chez le soi qui rencontre l'autre un réveil, une sorte de renaissance. Notons que s'il en vient à réduire l'autre à un attribut, s'il lui accole une étiquette (l'autre est ceci/cela) par le processus d'attribution, le soi se prémunit du même coup de la surprise qui naît de l'apparition du visage de l'autre dans son horizon et ainsi empêche la transformation, le réveil, d'avoir lieu[11].

---

11. Catherine Coughlan, dans son texte « Rencontre des altérités dans les Amériques », insiste sur la volonté, dans

On retrouve ce même phénomène du réveil dans *La nuit*, de Jacques Ferron. Le narrateur, François Ménard, vit une existence anesthésiée entre son travail de banquier et sa femme Marguerite. Entre lui et Marguerite, il n'y a plus aucune imprévisibilité, plus aucune surprise, et donc plus aucun désir possible entre eux, car c'est de l'inattendu que naît le désir. Faisant référence à sa relation avec Marguerite, François dit : « Je la laissais sans regret pour toute la journée. Le soir, nous nous retrouvions sans étonnement[12] ». Il affirme par ailleurs que la vue de sa femme « ne [l]e rajeuni[t] plus » (*LN*, p. 10), ce qui montre la volonté de François de renaître, de retrouver une jeunesse que seul quelque chose qui est extérieur à lui-même peut lui rendre. Cependant Marguerite n'est pas capable de le sortir de son anesthésie, car François croit la connaître par cœur, il croit en avoir fait le tour, avoir sucé toute la sève qu'elle pouvait donner, et il s'est donc installé dans une routine commode avec elle, une routine où l'un et l'autre sont morts. La rencontre de nuit

certaines œuvres littéraires, d'assimilation de l'autre à un « nous » (et non plus seulement à un « soi » individuel) qui devient « bourreau », en se basant sur ses différences (différences souvent préjugées) pour établir un couple dualiste barbarie/civilisation. Le fait de taxer l'autre de barbare permet donc de se distancier de lui, d'empêcher que la rencontre produise une surprise. Catherine Skidds quant à elle, analyse les rapports d'exclusions.

12. Jaques Ferron, *La nuit*, Montréal, Parti Pris, coll. « Paroles », n° 4, 1971, p. 10. Désormais, les références à cet ouvrage seront indiquées par le sigle *LN*, suivi du folio, et placées entre parenthèses dans le texte.

avec Barbara, une prostituée noire, éveille François et réactive son désir. On a ici affaire à la surprise, à l'inattendu total, car il s'agit de l'autre qui vient pénétrer le soi, mais qui le pénètre seulement si ce dernier accepte de déplacer les frontières qui le séparent du « tu » et de se laisser ainsi envahir par lui. À ce moment, l'autre, incarné par la prostituée noire, devient don. François utilise le verbe « dégorger » pour parler de la générosité de Barbara (*LN*, p. 99), comme il affirme qu'en couchant avec elle il a eu « droit au grand remboursement » (*LN*, p. 99) et qu'il a « sans doute retrouvé [s]on âme » (*LN*, p. 102)[13]. En lui redonnant un souffle de vie, en réactivant son désir endormi, Barbara transforme François et en même temps transforme sa relation avec sa femme, lui permettant de retrouver en elle une étincelle d'imprévisibilité, comme s'il avait pu voir sa femme d'un jour nouveau à travers Barbara, et Barbara à travers sa femme. Marguerite elle aussi retrouve son âme et en la revoyant au matin François constate que « son visage [a] rajeuni » (*LN*, p. 131).

On peut donc voir que la trace qu'a laissée la rencontre avec Barbara dans la chair de François produit un résultat inattendu, puisqu'elle réactive la relation fermentée entre deux êtres trop semblables l'un à l'autre. Ainsi, l'autre devient, pour le soi, une promesse, car il possède quelque chose d'infiniment désirable pour le soi, une possibilité de renaissance, de résurrection. Mais

---

13. Voir à ce sujet le texte de Catherine Skidds, qui analyse un phénomène comparable dans le roman de Laura Esquivel, *The Law of Love*.

comment l'autre peut-il donner, se donner, sans perdre ce qu'il possède c'est-à-dire sans perdre une partie de lui-même? C'est la même question que pose Glissant dans *Introduction à une poétique du divers*, qu'il formule ainsi : « comment être soi sans se fermer à l'autre et comment consentir à l'autre, à tous les autres sans renoncer à soi[14]? » La réponse à cette question semble se jouer au niveau d'un constant échange et d'un mouvement perpétuel. En effet, c'est en conservant une légèreté dans les relations, c'est en glissant d'une rencontre à l'autre qu'on peut continuellement s'échanger, donner et prendre en même temps, et qu'on évite ainsi de tout prendre de l'autre et de tout donner de soi. Dans *La nuit*, on note que c'est l'immobilité de François Ménard, la routine dans laquelle il s'est installé, qui le tue à petit feu. L'autre devient et reste promesse seulement si le soi accepte de recevoir ce qu'il peut donner sans prétendre le posséder, sans essayer de le manger ou de l'utiliser à ses fins. Ce serait donc par l'accumulation de rencontres que s'accomplirait la renaissance du soi.

On remarque cette tension (entre la légèreté dans les rapports et son contraire, le désir de possession) portée à son paroxysme dans *The Great Gatsby* de F. Scott Fitzgerald. À l'opposé du François Ménard de *La nuit*, le personnage principal du classique de Fitzgerald, Jay Gatsby, ne trouve pas la réponse à son désir dans sa rencontre avec l'autre, avec cette autre (tout aussi

---

14. Édouard Glissant, *Introduction à une poétique du divers*, Montréal, Presses de l'Université de Montréal, 1995, p. 30.

radicale que Barbara) qu'est Daisy, qui appartient à une riche et « vénérable » famille du Midwest. Au contraire, il y trouve plutôt sa perte. Car Gatsby, en tombant amoureux de Daisy, ne peut se contenter de ce qu'elle peut lui donner, malgré sa résolution de départ de « take what he could and go[15] » (*GG*, p. 149). Ce qu'il désire, c'est tout, prendre tout d'elle, l'intégrer au monde qu'il a construit dans son imaginaire, l'intégrer, pourrait-on dire, à son système de pensée. La raison de vivre de Gatsby et de toutes ses actions est synthétisée en Daisy. Bien que Gatsby ne sache pas au juste quelle promesse Daisy renferme, il est convaincu que celle-ci possède la clef de ce qu'il cherche, un « something » (*GG*, p. 111) indéfini qui se trouve au-delà de son imagination. Certes, la prostituée Barbara joue un peu le même rôle pour François, car elle aussi semble détenir le secret de l'existence que François a en vain cherché, dans sa jeunesse, sur les bords de la rivière du Loup qui, selon lui, « cach[ait] un mystère, une épine, une beauté inconcevable » (*LN*, p. 94), beauté qui se révèle être celle de la noire Barbara. Mais la différence est que François, après l'avoir possédée, quitte Barbara pour toujours et comme sans regret, alors que Gatsby ne saurait se contenter de posséder Daisy « temporairement », dans le présent et dans un futur de durée incertaine : il ne peut accepter de la partager avec son mari Tom, comme il ne peut accepter qu'elle ait un

---

15. F. Scott Fitzgerald, *The Great Gatsby*, New York, Charles Scribner's Sons, 1953, p. 149. Désormais, les références à cet ouvrage seront indiquées par le sigle *GG*, suivi du folio, et placées entre parenthèses dans le texte.

passé dont il n'est pas, lui, le centre. Il y a chez Gatsby une volonté d'absolu qu'on ne retrouve ni en Daisy, qui est tout à fait prête à s'éparpiller entre Tom et Gatsby, ni en François, ou du moins pas dans la forme qu'elle prend pour Gatsby.

4. « Je choisis tout »

En effet, si cette volonté d'absolu est présente chez François, elle l'est de manière tout à fait différente que pour Gatsby. Il n'est pas question pour François de se contenter de peu : lui aussi cherche à repousser les limites de sa morne existence, comme Gatsby veut échapper à sa condition préétablie d'homme pauvre sans avenir et embrasser toutes les possibilités que lui offre la vie. Cependant, plutôt que de s'accrocher à un idéal, toujours le même, François préfère papillonner, accumuler des rencontres qui lui permettent d'être un peu tout et rien en même temps, de ne pas se limiter à une seule existence. Sa première rencontre importante, avec Smédo au sanatorium, le convertit au communisme. Une autre rencontre, violente cette fois, avec un commissaire de police nommé Frank, le force à replonger dans la réalité d'où il était plus ou moins absent pendant son séjour au sanatorium, « flott[ant] en pleine fantasmagorie » (*LN*, p. 42). Cette rencontre-là le remet dans le droit chemin et l'incite à nier ses convictions pour aller travailler dans une banque. Il vivra longtemps dans la certitude qu'il ne peut corriger sa trahison, jusqu'à ce qu'une fugue d'une nuit dans la ville (alors que lui-même vit en banlieue) et sa rencontre avec Barbara lui fassent prendre conscience que la réalité n'est pas une mais multiple, intuition qu'il a eue dans sa jeunesse (en regardant par la fenêtre du sanatorium, il « devine derrière cette réalité première d'autres réalités [qu'il] ne voit[t] pas », *LN,* p. 42), et qui à présent se concrétise. Le monde de la nuit représente cette autre réalité où il peut coucher avec Barbara en étant fidèle à sa femme, qui appartient au jour, et demeurer fidèle à ses convictions communistes en restant gérant de banque, tout cela sans avoir à se soucier de ses contradictions internes, car elles ne se touchent pas, chacune appartenant à une réalité différente, et surtout sans viser à les résoudre en une synthèse hégélienne.

Par ailleurs, il est possible de remarquer une semblable accumulation de fonctions et de personnalités chez Pi, le personnage principal du roman de Yann Martel, une accumulation elle aussi déclenchée par les rencontres successives que fait Pi. D'abord, Pi se considère autant hindouiste que chrétien et musulman, trois religions auxquelles il adhère grâce à trois rencontres marquantes pendant sa jeunesse en Inde. Sa tante Rohini l'introduit à l'hindouisme alors qu'il n'est qu'un bébé, un événement qui laisse une trace « no bigger than a mustard seed[16] » dans le jeune Pi, mais qui ultimement le conduit à embrasser consciemment l'hindouisme, car, dit-il, « the universe makes sense to me through Hindu eyes » (*LP,* p. 53). À l'adolescence, sa rencontre avec un prêtre vient greffer le christianisme à l'hindouisme sans que l'un ne prenne le pas sur l'autre, et l'islam vient compléter le tableau quelques mois plus tard, après que Pi rencontre un boulanger soufi. Il semble que la seule raison pour laquelle Pi se limite à ces trois religions est qu'il ne rencontre pas d'autres personnes pouvant l'introduire à un quatrième culte.

Cependant, Pi entre en contact avec une autre « croyance » en la personne de M. Kumar, son professeur de biologie qui, incidemment, porte le même nom que le boulanger soufi qui lui fait découvrir l'islam. M. Kumar est athée, et pour Pi l'athéisme est une croyance, une certaine interprétation du monde au même titre que le sont l'hindouisme, le christianisme et l'islam. Si sa rencontre avec M. Kumar ne lui fait pas rejeter Dieu, car alors ce serait effacer les traces de ses trois autres rencontres, elle lui permet de développer un amour pour la science qui le poussera à décrocher une majeure en zoologie à l'Université de Toronto, doublée d'une majeure en études religieuses. *Life of Pi* présuppose ici que science et religion sont incompatibles, mais Pi les fait cohabiter en lui sans que l'une ou l'autre ne prenne le dessus, bien que parfois le « Pi religieux » croise le « Pi scientifique », comme lorsqu'il affirme que le paresseux à trois orteils, qu'il étudie dans le cadre de sa majeure en zoologie, lui fait penser à Dieu (« such a beautiful example of the miracle of life », *LP*, p. 5) et que ses collègues en études religieuses lui rappellent le paresseux à trois orteils à cause du doute perpétuel qu'ils cultivent et qui les empêchent de choisir entre la foi et l'incrédulité (comme le paresseux préfère l'immobilité au mouvement).

---

16. Yann Martel, *Life of Pi*, Toronto, Random House, 2002, p. 52. Désormais, les références à cet ouvrage seront indiquées par le sigle *LP*, suivi du folio, et placées entre parenthèses dans le texte.

On peut remarquer grâce à ces considérations l'idée de choix qui se dégage de *Life of Pi*. En effet, il semble que ce qui importe à Pi n'est pas tant de savoir si Dieu existe ou non, mais plutôt de récolter des histoires proposant une interprétation du monde qui lui plaît[17]. D'où la possibilité pour lui d'embrasser toutes ces histoires avec comme critère non pas ce qu'elles ont de vrai, mais ce qui correspond à son goût, car il se trouve dans une zone inaccessible à sa raison et il serait bien embêté d'avoir à déterminer la part de vérité et de fausseté que chacune recèle. Pi affirme lui-même à maintes reprises qu'il préfère croire en Dieu, car voir derrière la mécanique du monde un dessein intelligent permet de jouir d'une « better story » (*LP*, p. 352) dans l'interprétation de l'existence, alors que l'histoire d'un monde sans signification ultime serait « horrible » (ou « terrible », comme il le pense lorsqu'il écoute M. Kumar lui expliquer les raisons de son athéisme). Mais à partir de là, il revient à Pi lui-même, et à Pi seulement, de choisir l'histoire qu'il préfère. En outre, comme il ne s'agit que d'histoires, d'interprétations du monde créées par l'imagination humaine, il n'y a aucune limite au nombre desquelles on peut adhérer. Ainsi le critère de choix absolu de Pi est-il une sorte d'esthétisme, comme l'a montré Stewart Cole[18]. L'exemple le plus évident de cela est la

---

17. Voir à ce sujet Patrick Imbert, « Transactions/transactions », Patrick Imbert et Brigitte Fontille (dir.), *Trans-inter-multi culturalité, trans-inter-multi disciplinarité*, Québec, Presses de l'Université Laval, 2012.

18. Stewart Cole, "Believing in Tigers : Anthropomorphism and Incredulity in Yann Martel's *Life of Pi*", *Studies in*

rencontre de Pi avec l'islam. Pi décrit à peine la forme de cette religion, si ce n'est pour dire qu'elle est « beautiful » (*LP*, p. 67). En outre, il qualifie l'humanité du Christ de « compelling » (*LP*, p. 64), et résume sa vision de l'hindouisme par le mot « wonder » (*LP*, p. 55). Les meilleures histoires, ce sont donc celles qui rendent le monde beau et porteur de sens. Mais au fond, il s'agit toujours d'un sens créé par la subjectivité humaine. Il n'est donc pas possible de connaître le monde à proprement parler, le monde ou la réalité telle qu'elle est (de « mesurer » la réalité, dirait Glissant[19]), et devant le chaos et l'absurdité apparente qu'elle présente, on cherche à l'insérer dans une histoire, à l'inventer en quelque sorte.

Dans cette optique, pour Pi, dès qu'on parle de la réalité, on propose une interprétation qui la construit, pour le pire ou pour le meilleur[20]. Pour les convaincre d'adhérer à son histoire, il dira aux enquêteurs japonais venus l'interroger, qui ne croient pas qu'il ait pu survivre 227 jours en mer en compagnie d'un tigre : « The world isn't just the way it is. It is how we understand it, no ? And in understanding something, we bring something in it, no ? Doesn't that make life a story ? » (*LP*, p. 335). Le critère qu'il propose aux enquêteurs est le même que celui qu'il a utilisé pour choisir Dieu plutôt que le néant, celui

---

Canadian Literature / Études en littérature canadienne, n° 29, vol. 2, p. 22-36.

19. Édouard Glissant, *op. cit.*, p. 63.
20. Voir à ce sujet l'École de Palo Alto, en particulier Paul Watzlawick, *La réalité de la réalité – Confusion, désinformation, communication*, Paris, Seuil, 1978.

de la « better story » (*LP*, p. 352), l'histoire qu'ils préfèrent. C'est donc le sujet qui choisit de forger sa propre réalité. Il semble ainsi possible d'affirmer que Pi ne peut supporter de vivre dans la réalité telle qu'elle paraît, fade, crue, insoutenable (ou comme il le dit aux enquêteurs, « dry, yeastless factuality », p. 336). C'est d'ailleurs plus ou moins ce qu'il affirme à l'écrivain qui vient le rencontrer pour apprendre son histoire : « I have nothing to say of my working life, only that a tie is a noose, and inverted though it is, it will hang a man nonetheless he is not careful » (*LP*, p. 6). Les religions de Pi, les histoires qu'elles lui fournissent, sont le moyen qu'il a trouvé pour échapper à sa vie, un système auquel fait écho le narrateur-écrivain lorsqu'il affirme, dès l'incipit du roman : « *If we, citizens, do not support our artists, then we sacrifice our imagination on the altar of crude reality and we end up believing in nothing and having worthless dreams* » (*LP*, p. XI).

5. L'élimination des frontières

On peut donc remarquer que dans *Life of Pi*, la frontière entre la réalité et la fiction s'émousse, et qu'il revient au lecteur de décider ce qu'il veut croire de l'histoire du conteur, moins parce que celle-ci est crédible (quoique Pi cherche d'emblée à se poser comme un témoin raisonnable et fiable) que parce qu'elle est belle. On retrouve une idée semblable dans la nouvelle *La vallée Houdou*, de Gabrielle Roy. Dans cette nouvelle, les Doukhobors nouvellement arrivés de Russie cherchent des terres qui leur conviennent pour s'y installer et recommencer leur vie, mais refusent toutes celles que leur propose l'agent de colonisation. Aucune ne correspond à ce qu'ils imaginent. Jusqu'à ce que par hasard, ils tombent sur la vallée Houdou, un endroit « d'une splendeur insolite[21] » et qui, avec son tapis de fleurs vénéneuses qui rougeoient dans le couchant et ses nuages qui semblent former une chaîne de montagnes autour d'elle, paraît « ouvrir dans le rouge du ciel un passage secret et mystérieux vers un lieu où d[oit] enfin régner la certitude et le bonheur[22] ». Tout absorbés qu'ils sont à contempler les mirages que la vallée met devant leurs yeux, les trois chefs Doukhobors ne remarquent pas que le sol n'a pas grand-chose à donner et veulent s'y installer au plus vite, malgré les exhortations de l'agent de l'immigration qui tente de les convaincre qu'il n'y a ni montagnes ni rivière, mais seulement illusion, car « cette maudite vallée possède le pouvoir curieux, au couchant, de se transfigurer[23] ». Cependant les Doukhobors, même s'ils savent qu'il s'agit d'un mirage, ne veulent pas entendre raison, ils préfèrent obstinément faire correspondre la vallée Houdou avec leurs désirs et leurs rêves. On voit donc ici que le coucher de soleil sur la vallée représente l'instant très fugitif où l'émerveillement du rêve semble faire corps avec la réalité et que les Doukhobors décident de prolonger cet instant pour en faire leur vie, échappant ainsi, comme Pi, à la tristesse de la réalité.

---

21. Gabrielle Roy, « La vallée Houdou », *Un jardin au bout du monde*, Montréal, Librairie Beauchemin, 1975, p. 145.
22. *Ibid.*
23. *Ibid.*, p. 147.

On notera un flou similaire entre la fiction et la réalité dans le roman de Jacques Ferron. En effet, il semble que dans *La nuit* la frontière entre les deux se rétrécisse de plus en plus, au point où François peut inventer la nature des rapports qu'il entretient avec les autres personnages, tout cela parce qu'il a découvert la multiplicité de la réalité. Ainsi, au sortir de la nuit, il s'exclame, satisfait : « Et pourquoi n'aurais-je pas été le fils de Barbara et celui de ma mère, tout en restant dans la chaleur de Marguerite à caresser sa peau douce » (*LN*, p. 122). Parce qu'il n'y a pas d'ontologie, d'essence de l'être, on peut redéfinir les relations humaines à sa guise, l'autre peut devenir, le temps d'un instant, tout ce qu'on voudrait qu'il soit.

À partir de là, on voit que les rapports entre le passé, le présent et le futur sont eux aussi transformés. En effet, si l'on peut choisir sa propre réalité, on peut aussi remonter le temps et corriger ce qui nous déplaît du passé[24]. C'est encore une fois ce qui se passe dans *La nuit*, où François réussit à inverser le passé. Retrouvant Frank, le policier de qui il a reçu le coup de poing et qui l'a incité à trahir sa « foi » communiste, il lui offre un pot de confiture de coings. Frank meurt, empoisonné par la confiture. Il explique ainsi son geste au chauffeur de taxi qui le ramène chez lui : « Il y a dix-sept ans, j'ai reçu de la part de Frank Archibald Campbell un coup de poing au visage. J'ai voulu le digérer, il m'est resté sur le cœur. Il me fallait le rendre » (*LN*, p. 125). L'inversion des consonnes c/p et p/c indique le renversement du passé. En rentrant chez lui, François avise un poteau

---

24. Voir à ce sujet l'analyse des réincarnations chez Laura Esquivel dans le texte de Catherine Skidds, p. 92.

indicateur sur lequel un felquiste a collé une affiche et le qualifie de « poteau indicateur port[ant] correction » (*LN*, p. 134). On remarque encore l'inversion des premières consonnes des trois mots « poteau » « portant » et « correction », qui par ailleurs forment les initiales PC (Parti communiste). François a donc retrouvé la foi de sa jeunesse en corrigeant le passé, en inversant le coup de poing.

En outre, hormis cette inversion de consonnes, on constate un autre motif indiquant le renversement du passé dans *La nuit*. En effet, au cours de la nuit, François traverse à quatre reprises le pont qui sépare la Rive-Sud, où il habite, de la ville de Montréal, où il se rend pour reprendre son âme et sa jeunesse. Par ailleurs, comme l'ont noté plusieurs critiques[25], le chauffeur de taxi qui lui fait faire ces allers-retours se nomme Alfredo Carone, clin d'œil évident au Charon mythologique qui fait franchir aux morts le fleuve séparant le monde des morts de celui des vivants. Ce qui est intéressant ici, c'est que François est capable de traverser plus d'une fois le fleuve qui le sépare du monde de la banlieue à celui de la ville. Il peut donc effectuer sans problème des va-et-vient entre la mort et la vie, ayant acquis le droit d'enjamber les frontières qui se dressent entre elles. Par ailleurs, il est aisé de remarquer la double correspondance banlieue/mort et ville/vie qui se dessine au sein du texte. Cette fonction de la ville comme pendant « vivant » à la banlieue qui pour sa part figure une vie réduite, endormie ou bien morte, où tout désir est anesthésié, a été étudiée

---

25. Voir entre autres Madeleine Velguth, « La nuit dans un sac : Étude des *Confitures de coings* de Jacques Ferron », *Québec Studies*, n° 25, 1998, p. 68-79.

par Marie Cusson[26]. Selon elle en effet, dans plusieurs écrits contemporains, le paradigme banlieue/ville est utilisé pour montrer que la ville, en tant que lieu de rencontres imprévisibles, est l'endroit de tous les possibles, de tous les espoirs, alors que la banlieue serait l'endroit où tout espoir et tout désir s'abolissent parce que la routine y règne en maître : aucune surprise, aucune rencontre inattendue ne peut se produire, car ses habitants sont enfermés dans leurs maisons comme dans leurs habitudes. Ainsi François Ménard quitte-t-il « le lit profond comme un tombeau » (*LN*, p. 42) de sa femme Marguerite, les maisons endormies de la Rive-Sud, pour retrouver cet univers inconnu et excitant, ce « marché de dupes » (*LN*, p. 37) qu'est la ville la nuit, cette sorte d'Éden moderne où l'on peut même « retrouv[er] son âme » (*LN*, p. 102). À l'issue de sa fugue, François Ménard découvre qu'il peut habiter à la fois la mort et la vie sans que cette contradiction ne lui soit un obstacle, car il peut sauter de l'une à l'autre sans même avoir à payer au chauffeur le prix de sa course (*LN*, p. 126).

6. Résurrections

Cette traversée d'un cours d'eau avec renaissance à la clef[27] est un motif que l'on retrouve aussi dans *The Great Gatsby*,

---

26. Marie Cusson, « Rencontres urbaines et mouvances identitaires dans *Le pont* de Michael Delisle et *Je n'ai pas porté plainte* de Robert Lalonde », *Québec Studies*, n° 40, 2005, p. 3-15.
27. On peut faire le lien avec l'immigration et la traversée de l'Atlantique ou du Pacifique chez Yann Martel dans *Life of Pi*.

de même que l'idée de la ville comme nouvel Éden[28]. Là aussi la ville, New York en l'occurrence, est caractérisée, par rapport au Midwest d'où proviennent la majorité des personnages, comme le lieu de tous les possibles, ainsi que l'affirme Nick, le narrateur-témoin : « anything can happen now that we'd slid over this bridge » (p. 69). Nick se fait à lui-même cette réflexion en traversant le pont pour se rendre à Manhattan en compagnie de Gatsby, alors qu'il voit une limousine conduite par un chauffeur blanc les dépasser, avec trois Noirs assis à l'arrière, un tableau inimaginable dans son Midwest natal. Gatsby traverse donc Lake Superior, pour la même raison que Ménard traverse le fleuve Saint-Laurent : une sorte de terre promise les attend en ville, un nouvel Éden où le péché (originel dans le cas de Gatsby, c'est-à-dire qu'il vient avec sa naissance honteuse ; conscient dans le cas

---

28. Notons le renversement qui a lieu ici entre le roman de Ferron et le roman traditionnel québécois (communément appelé « roman du terroir »), où la ville est représentée comme un lieu de perdition et où la campagne, le village ancestral, est associée à un paradis terrestre. À ce sujet, on pourra consulter l'article de Catherine Skidds, « Rencontres et identité », qui aborde le roman *Maria Chapdelaine* en insistant sur cette question, montrant par là une volonté d'assimilation des individus à une mentalité dominante par le pouvoir en place. Ce renversement – la ville devenue lieu de promesse – marquerait-il une libération des esprits par rapport à l'époque précédente ? C'est ce que semble avancer le roman de Ferron, alors que le roman de Fitzgerald, à l'opposé, opère un nouveau renversement où l'Éden promis se révèle une terrible mascarade.

de Ménard, car tel saint Pierre il renie en toute conscience sa foi en Smédo) est lavé, effacé. Comme l'affirme le critique David Noble à propos de Gatsby, cette traversée des eaux s'apparente à un baptême, à une entrée dans une vie nouvelle[29], un Nouveau Monde.

Notons de plus que le baptême de Gatsby se réalise concrètement dans l'adoption d'un nouveau nom : le jeune et pauvre James Gatz sans passé ni avenir devient le riche et puissant Jay Gatsby, presque en un coup de baguette magique. Tout comme Pi, qui se rebaptise ainsi pour se faire accepter de ses camarades qui se moquent de son prénom de Piscine en le déformant en *Pissing*, James Gatz devient Gatsby pour pénétrer dans le royaume plein de promesses de l'Est, déterminé à prendre la place qui correspond à ses ambitions. Le problème, c'est que personne sauf Nick ne semble s'intéresser à lui, si ce n'est d'un point de vue superficiel. Par exemple, lorsque Nick essaie d'interroger à son sujet Jordan Baker, une jeune femme installée depuis plus longtemps que lui dans l'Est, celle-ci répond simplement : « He's just a man named Gatsby. […] Anyhow, he gives large parties » (*GG*, p. 49). Paradoxalement toutefois, notons que l'indifférence que Gatsby rencontre dans la bonne société américaine n'est pas incompatible avec l'incrédulité que cette dernière manifeste envers l'histoire qu'il raconte pour expliquer l'origine de sa richesse. Personne ne croit qu'il soit « the son of some wealthy people

29. David Noble, "The Lost Generation", *The Eternal Adam and the New World Garden : The Central Myth in the American Novel Since 1830*, New York, Braziller, 1968, p. 144.

of the Middle West – all dead now » (*GG*, p. 65), pas même Nick, qui nourrit pourtant une espèce de sympathie « naturelle » à son égard. Il y a plein de trous dans son histoire, plein d'invraisemblances pour quelqu'un comme Nick qui connaît le fonctionnement des riches et anciennes familles du Midwest, et si le suspense est maintenu assez longtemps, le lecteur finit quand même par découvrir son véritable passé, sa véritable histoire. Or, ce n'est pas du tout ce qui se produit avec Pi, comme on l'a vu : le lecteur doit décider lui-même s'il croit son histoire ou non, comme doivent le faire les enquêteurs japonais à la fin du roman, une sorte de *leap of faith* que Fitzgerald épargne à son propre lecteur. À la différence de l'écrivain-narrateur qui adhère sans preuve au témoignage de Pi, le narrateur-témoin de *Great Gatsby* est avant tout engagé à trouver et à faire connaître la vérité au sujet de Gatsby. Il existe donc un faux et un vrai Gatsby, tout comme il existe une fausse et une vraie version de la tragédie qui mène à son meurtre par le garagiste Wilson car le récit moderne, par rapport au récit postmoderne, conserve les rapports de cause à conséquence, fondement de la réalité[30].

On voit donc que la frontière entre la réalité et la fiction, la vérité et le mensonge, est toujours bien en place dans le roman de Fitzgerald, contrairement aux trois autres dont il a été question, qui la déplacent à des degrés divers[31].

---

30. Voir à ce sujet le texte de Marie-Hélène Urro.

31. À cet égard il est intéressant de noter que le roman dont Martel dit s'être inspiré pour écrire *Life of Pi*, *Max e os felinos* (de Moacyr Scliar, publié en 1981), s'il raconte lui aussi la traversée de l'océan d'un naufragé en compagnie

La mort de Gatsby illustre évidemment l'échec lamentable de sa tentative préalable de renaissance, sa tentative de faire coïncider la réalité à ses ambitions. Par ailleurs, il semble que cet échec ne soit pas uniquement causé par le choc que produit la rencontre de ses désirs avec ceux des autres personnages. En effet, même s'il est vrai qu'en apparence sa chute est le fait du fossé infranchissable qui sépare le monde d'où il vient de celui où il veut se faire accepter, le fond du problème n'est pas là. Il réside plutôt dans la conclusion que l'idéal représenté par Daisy est pure illusion : le monde qu'elle représente est vide, elle-même est vide. Tout au long du roman, Daisy paraît porter en elle, dans ses manières et dans sa voix, une promesse indéfinie mais néanmoins très excitante. Si Nick ne s'y laisse pas prendre, décelant tout de suite l'artificialité cachée dans ses gestes et dans ses paroles (ainsi dit-il après qu'elle lui confie ses malheurs : « I felt the basic insincerity of what she had said », p. 18), Gatsby, lui, fonce les yeux fermés, se laissant envoûter par le mystère qui semble envelopper la jeune femme, d'une manière un peu similaire aux Doukhobors qui se laissent charmer par la vénéneuse vallée

---

d'un fauve, se termine par la révélation que ce fauve n'était en fait qu'une création de l'esprit du naufragé : la frontière entre le vrai et le faux reste donc bien en place, à l'instar du roman de Fitzgerald. Comme le souligne Marie-Hélène Urro dans son article « Du récit moderne territorial à la parabole postmoderne migrante », le roman de Scliar serait de ce point de vue plutôt éloigné de l'esthétique postmoderne, contrairement à celui de Martel qui, en créant ce qu'elle appelle un « effet de déréalisation », y adhère sans concession.

Houdou. On a vu plus haut que pour posséder son objet de désir, qui n'est pas immatériel ou spirituel comme pour les Doukhobors mais qui au contraire s'incarne dans un être temporel, un être de chair, Gatsby cherche à repousser toutes les limites que le monde d'où il vient met sur son chemin. Étrangement par ailleurs, cette volonté de repousser les limites va jusqu'à dépasser l'objet de désir qu'est Daisy, comme si elle-même ne suffisait plus pour contenir toute son ambition. C'est-à-dire que Gatsby érige Daisy en une sorte de déesse qui n'a plus grand-chose à voir avec la Daisy véritable (encore une fois on retrouve la dualité « identité fausse / identité vraie » dont il a été question pour le personnage de Gatsby). Ainsi Nick remarque-t-il, après avoir été témoin de leurs retrouvailles, que le désir de Gatsby « had gone beyond her, beyond everything. He had thrown himself into it with a creative passion, adding to it all the time, decking it out with every bright feather that drifted his way. » (*GG*, p. 97) Rien d'étonnant dans ce cas que l'idée qu'il entretient de Daisy vienne tôt ou tard se fracasser sur le mur de la réalité, comme le suggère encore une fois Nick, lorsqu'il imagine à quoi ont pu ressembler les derniers moments de son ami, alors que l'image de Daisy s'est avérée un mirage :

> He must have looked up at an unfamiliar sky through frightening leaves and shivered as he found out what a grotesque thing a rose is and how raw the sunlight was upon the scarcely created grass. A new world, material without being real, where poor ghosts, breathing dreams like air, drifted fortuitously about... (*GG*, p. 162)

Il semble que l'on retrouve ici des échos de *Life of Pi*, où tant le narrateur-écrivain que Pi fustigent la « crude reality » (*LP*, p. XI), la « dry, yeastless factuality » (*LP*, p. 336). Cependant, alors que Pi est capable de construire un pont pour rejoindre un certain sens transcendantal de la réalité, grâce aux histoires qu'il se fait conter et qu'il conte lui-même, la tentative de Gatsby se résout en une tragédie. D'abord, on voit que sa tentative s'apparente assez à l'idéalisme platonicien, comme en fait foi l'expression « material without being real » (*GG*, p. 162) : le réel serait dans le monde des Idées, le monde matériel correspondant à une simple imitation de ces Idées (l'imitation supposant d'ailleurs l'impureté). Ainsi, pour Gatsby qui s'est forgé une « Platonic conception of himself » (*GG*, p. 99), le réel correspond plus à son image, à l'idée qu'il s'en fait, qu'aux choses concrètes. Voilà pourquoi il n'a aucun problème à vivre une existence (matériellement) pleine de contradictions : à la fois corrompue et romantique, malhonnête et généreuse… jusqu'à ce que les constructions de son imagination viennent s'échouer au rivage de la réalité, le laissant nu et fragile dans sa déchéance. Ainsi, si les contradictions sont viables pour Pi et pour François Ménard (car ils peuvent jouer avec la réalité, multiple et changeante), pour Gatsby elles sont insoutenables, parce que la réalité qui l'entoure est unique et immuable[32]. François Ménard corrige le passé, tout comme Pi renaît,

---

32. Même chose pour *Pierre Ménard, auteur du Don Quichotte*, la célèbre nouvelle de Borges sur l'impossibilité du plagiat puisque tout texte est toujours situé dans un contexte nouveau.

d'une certaine façon, en traversant le Pacifique (il se compare lui-même à un « premature baby », *LP*, p. 317). Alors que Gatsby, dont les dernières heures montrent pourtant plusieurs points communs avec la passion du Christ, comme l'ont noté de nombreuses critiques[33], n'expérimente pas de résurrection : c'est un Christ corrompu en relation imaginaire avec le Dieu qu'il s'est créé, un Dieu qui cache le néant.

Le terme « wonder » que Nick utilise pour parler à la fois de la réaction du premier marin européen en apercevant l'Amérique et de celle de Gatsby en apercevant, de l'autre côté de sa maison, « la green light » (*GG*, p. 94) qui brille au bout du quai de Daisy, est donc empreint d'ironie. Notons que c'est le même terme qu'emploie Pi, comme on l'a vu, pour décrire l'expérience que lui procurent ses trois religions. Cependant, l'émerveillement de Pi ne pourra jamais être déçu, car les frontières entre la réalité et la fiction, entre la vérité et le mensonge, sont définitivement ouvertes. Ainsi les limites de la réalité sont-elles abolies et les désirs peuvent-ils être satisfaits, par l'accumulation de rencontres, de fonctions et de personnalités. Ainsi l'individu postmoderne éclaté possède le monde et le réinvente à son image, créant le sens de sa vie dans un conte, une fantasmagorie subjective.

---

33. Voir notamment Bryce J. Christensen, "The Mystery of Ungodliness : Renan's *Life of Jesus* as a Subtext for F. Scott Fitzgerald's *The Great Gatsby* and *Absolution*", *Christianity and Literature*, n° 36, vol. 1, 1986, p. 15-23.

Bibliographie

Christensen, Bryce J., "The Mystery of Ungodliness : Renan's *Life of Jesus* as a Subtext for F. Scott Fitzgerald's *The Great Gatsby* and *Absolution*", *Christianity and Literature*, n° 36, vol. 1, 1986, p. 15-23.

Cole, Stewart, "Believing in Tigers : Anthropomorphism and Incredulity in Yann Martel's *Life of Pi*", *Studies in Canadian Literature / Études en littérature canadienne*, n° 29, vol. 2, p. 22-36.

Cusson, Marie, « Rencontres urbaines et mouvances identitaires dans *Le pont* de Michael Delisle et *Je n'ai pas porté plainte* de Robert Lalonde », *Québec Studies*, n° 40, 2005, p. 3-15.

Ferron, Jacques, *La nuit*, Montréal, Parti Pris, coll. « Paroles », n° 4 1971, 134 pages.

Fitzgerald, F. Scott, *The Great Gatsby*, New York, Charles Scribner's sons, 1953, 182 pages.

Glissant, Édouard, *Introduction à une poétique du divers*, Montréal, Presses de l'Université de Montréal, 1995, 106 pages.

Imbert, Patrick, « La Brebis et le Corbeau, noir sur blanc : *La nuit* de Jacques Ferron », *Québec Studies*, n° 6, 1988, p. 78-91.

—, « Transactions/trans-actions », Patrick Imbert et Brigitte Fontille (dir.), *Trans-inter-multi culturalité, trans-inter-multi disciplinarité*, Québec, Presses de l'Université Laval, 2012.

Lévinas, Emmanuel, *Autrement qu'être ou au-delà de l'essence*, Paris, Librairie générale française, 2006, 220 pages.

Martel, Yann, *Life of Pi*, Toronto, Random House, 2002, 354 pages.

Nietzsche, Friedrich, *Fragments posthumes : automne 1885 – automne 1887*, Paris, Gallimard, 1978, 386 pages.

Noble, David, "The Lost Generation", *The Eternal Adam and The New World Garden : The Central Myth in the American Novel Since 1830*, New York, Braziller, 1968, p. 133-160.

Noël, Georges, *La logique de Hegel*, Paris, Librairie philosophique J. Vrin, coll. « Bibliothèque d'histoire de la philosophie », 1967, 188 pages.

Nozick, Robert, *Anarchy, State, and Utopia*, New York, Basic Books, 1974, 367 pages.

Ricœur, Paul, *Être, essence et substance chez Platon et Aristote*, Paris, Seuil, 2011, 345 pages.

Roy, Gabrielle, « La vallée Houdou », *Un jardin au bout du monde*, Montréal, Librairie Beauchemin, 1975, p. 131-149.

Simhon, Ari, *Lévinas critique de Hegel*, Paris, Ousia, 2006, 244 pages.

Velguth, Madeleine, « La nuit dans un sac : Étude des *Confitures de coings* de Jacques Ferron », *Québec Studies*, n° 25, 1998, p. 68-79.

Watzlawick Paul, *La réalité de la réalité – Confusion, désinformation, communication*, Paris, Seuil, 1978.

Bio-bibliographie

Héloïse Brindamour a fait des études de musique classique à l'Université de Montréal avant de se tourner vers la littérature. Ses auteurs de prédilection sont Shuzaku Endo, Graham Greene, François Mauriac et surtout Paul Claudel. Elle prépare actuellement une thèse de maîtrise à l'Université d'Ottawa, qui doit porter sur la relation entre les théâtres de Racine et de Claudel.

Courriel : hbrin074@uottawa.ca

DU RÉCIT MODERNE TERRITORIAL À LA PARABOLE POSTMODERNE TRANSMIGRANTE

Marie-Hélène Urro

Université d'Ottawa

Résumé

Allant du récit national au récit postmoderne, l'espace littéraire des Amériques est un immense champ de construction et de déconstruction des mythes fondateurs. Faisant partie d'un « nouveau monde », il est un terroir fertile à la démonstration des théories de René Girard sur la violence fondatrice et un lieu propice à la remise en cause des identités territoriales exclusives. Aussi passant et varié que ses terres d'immigration de référence, l'espace littéraire des Amériques est un carrefour propre à la rencontre fortuite dont le fruit est esthétiquement impur. Aussi vaste que les continents qui le libèrent, il est l'endroit idéal pour faire un *coast to coast* imaginaire tous azimuts. La présente analyse s'attarde sur cet espace littéraire, en s'inspirant en grande partie des études menées au sein de la Chaire de recherche de l'Université d'Ottawa « Canada : enjeux sociaux et culturels dans une société du savoir », et en s'appuyant sur les romans de Yann Martel, Moacyr Scliar, Maxine Hong Kingston, Jacques Poulin et Sergio Kokis.

Introduction

S I LE RÉCIT MODERNE opère selon la logique d'exclusion qui fonde et délimite l'État nation, ce serait le processus victimaire qu'illustre René Girard dans ses théories d'anthropologie fondamentale[1] qui, comme le fait ressortir Patrick Imbert dans ses recherches sur les littératures des Amériques[2], serait à la base de tout récit moderne. La logique dualiste, territoriale et exclusive fondée sur la violence est au cœur de tout mythe fondateur national et constitue toute identité collective. Cette logique est par ailleurs remise en cause par un certain nombre d'œuvres littéraires contemporaines des Amériques, tant sur le plan thématique que formel. Nous proposons de poursuivre cette réflexion en considérant également le caractère *migrant* des œuvres, c'est-à-dire de les aborder en fonction de leur imaginaire mouvant. Les récits de Yann Martel, Moacyr Scliar, Maxine Hong Kingston, Jacques Poulin ou Sergio Kokis voyagent, certes, sur les plans géographique, temporel, esthétique, mais aussi d'un point de vue paradigmatique. Nous remarquons que les déplacements évoqués par ces auteurs sont souvent

---

1. René Girard, *Des choses cachées depuis la fondation du monde*, Grasset « biblio essais – Le livre de Poche », 2010 [1978].
2. Patrick Imbert, "Theories of Exclusion and Inclusion : Cultural Dynamics in Knowledge-Based Societies", Patrick Imbert (dir), *Theories of Inclusion and Exclusion in Knowledge-Based Societies*, Ottawa, Chaire de recherche de l'Université d'Ottawa : « Canada : enjeux sociaux et culturels dans une société du savoir », 2008.

déclenchés par la violence fondatrice qu'expose Girard et que leurs récits illustrent cette même violence dans le but d'y échapper. Ces œuvres migrantes contemporaines transforment le discours dualiste, territorial et exclusif du récit moderne en un autre type de récit non-exclusif, parfois baroque, et presque toujours déterritorialisant. Ces récits que nous appelons « paraboles postmodernes migrantes » présentent aussi un certain nombre de caractéristiques communes aux récits allégoriques bibliques, tout en adoptant une esthétique proprement contemporaine et une structure tout à fait déroutante par rapport à l'enchaînement d'actions de cause à conséquence typique du récit national moderne. Nous chercherons par ailleurs à comprendre, à l'aide de ces exemples, comment ce type de récit cherche à révéler la violence fondatrice qui l'engendre.

1. Le récit moderne et l'identité territoriale

> *Si potrebbe andare tutti quanti allo zoo comunale.*
> *Vengo anch'io? No, tu no.*
> *Per vedere come stanno le bestie feroci*
> *e gridare "Aiuto, aiuto è scappato il leone",*
> *e vedere di nascosto l'effetto che fa[3].*

---

3. Dario Fo et Enzo Jannacci, paroles de la chanson *Vengo anch'io? No, tu no* : « On pourrait aller tous ensemble au zoo municipal. / Je viens avec vous? Non, pas toi. / Pour voir comment vont les bêtes féroces / Et crier « À l'aide, à l'aide, le lion s'est échappé, » / Et se cacher pour voir l'effet que ça fait. » (C'est moi qui traduis.)

1.1 Marquer son territoire

La logique qui sous-tend toute division territoriale est liée à l'exclusion. Patrick Imbert établit le lien entre l'exclusion identitaire et la mimesis d'appropriation. Il écrit à ce sujet : « Mimesis of appropriation is indeed linked to the fundamental interior/exterior opposition that finds itself at the basis of linguistic structures as well as of territorial divisions to which identities are traditionally associated[4]. » La théorie de René Girard de la mimésis d'appropriation telle que présentée dans *Des choses cachées depuis la fondation du monde* considère qu'à la base de tout rapport, il y a un désir inné de s'emparer de l'objet de l'autre et de prendre sa place comme modèle. Girard évoque d'abord dans une perspective éthologique les rapports de subordination chez les singes anthropoïdes, selon lesquels les animaux dominés observent et imitent les animaux dominants, sans toutefois imiter leurs comportements d'appropriation[5]. Les plus faibles du groupe cèdent donc la place aux plus forts, qui à leur tour, leur accorde une protection et assure l'ordre dans la communauté. La dimension territoriale de ces enjeux de pouvoir apparaît d'ailleurs assez clairement dans *Life of Pi* de Yann Martel. Pi est zoologiste et apprend tout jeune ce que sont les rapports de domination chez les animaux et les dangers de franchir les limites du territoire, grâce à son père, propriétaire d'un zoo à Pondichéry. Pi rappelle l'importance du territoire pour les animaux : « if

---

4. Patrick Imbert, *op. cit.*, p. 65.
5. René Girard, *op. cit.*, p. 122.

you fall into a lion's pit, the reason the lion will tear you to pieces is not because it's hungry – be assured, zoo animals are amply fed – or because it's bloodthirsty, but because you've invaded its territory[6]. »

Cependant, la situation se complexifie selon Girard avec la puissance grandissante de l'imitation dont découleraient le processus d'hominisation[7] et le raffinement de notre société sous le rapport symbolique. Girard explique : « C'est dire que les formes sociales humaines, contrairement aux formes animales, ne peuvent pas provenir directement des rivalités mimétiques ; mais elles en proviennent indirectement, par l'intermédiaire de la victime émissaire[8]. » Le dominé n'accepte donc plus de jouer son rôle à vie et pourra au besoin faire front commun avec l'ennemi pour canaliser sa rivalité mimétique et prendre la place du dominant. Le récit de Moacyr Scliar qui inspira à Martel son roman puise également sa source dans le monde animal, quoiqu'elle soit d'un ordre représentatif assez différent. Dans *Max and the Cats*, l'auteur juif brésilien Moacyr Scliar raconte l'histoire de Max en représentant les figures dominantes et opprimantes de sa vie par divers chats sauvages. Ainsi, le tigre du Bengale représente le « domaine[9] » exclusif de son père, fourreur autoritaire,

6. Yann Martel, *Life of Pi*, Orlando, Harcourt, 2001, p. 43.
7. René Girard, *op. cit.*, p. 128.
8. *Ibid.*, p. 126.
9. Moacyr Scliar, *Max and the Cats*, Eloah Giacomelli (trad.), Toronto, Lester & Orpen Dennys, 2003 [1990], p. 8.

le jaguar, le pouvoir colonisateur eurocentriste[10], et la panthère noire, le régime totalitaire. La territorialité animale n'est ici que symbolique, puisque l'exclusion dont il est question est liée au mécanisme victimaire, ce qui correspond, selon Girard, au seuil de l'hominisation[11].

Alors que la logique territoriale identitaire est illustrée par le monde animal dans les récits de Martel et de Scliar, dans *Volkswagen Blues* de Jacques Poulin elle est illustrée par l'exploration des frontières de l'Amérique du Nord à partir des points de vue francophone et métis. Les personnages, Jack Waterman et la Grande Sauterelle, parcourent l'histoire du continent nord-américain en suivant le chemin des premiers explorateurs français et en évoquant tous les exclus de cette histoire. Le caractère arbitraire des frontières dessinées au fil de l'histoire y est mis en relief, dont la nature « imaginaire[12] » de cette frontière qui sépare le Canada des États-Unis au milieu du fleuve Saint-Laurent que traversent les personnages. Cette frontière mouvante nous révèle la véritable nature de l'exclusion : celle-ci est d'abord et avant tout conceptuelle, comme l'est toute notion d'identité. Nous retrouvons également cette idée dans le roman de Sergio Kokis, *Kaléidoscope brisé*, qui met en scène l'errance du Grand Circus Alberti en Amérique du Sud, à la suite de sa fuite d'Europe après la Deuxième Guerre mondiale.

---

10. Voir à cet effet les théories de Homi K. Bhabha dans *The Location of Culture*, London, Routledge, 1994.
11. René Girard, *op. cit.*, p. 128.
12. Jacques Poulin, *Volkswagen Blues*, Montréal, Leméac, coll. « Babel », 1988, p. 56.

Le narrateur raconte : « Le radeau des artistes a traversé des frontières sans s'en rendre compte, car dans la vie les pays n'ont pas la même physionomie que sur les cartes géographiques : nulle part il n'y a de tracé par terre pour diviser les humains, rien de cela d'un pays à l'autre[13]. »

Le roman autobiographique de l'auteure sino-états-unienne Maxine Hong Kingston, *The Woman Warrior*, explore également cette notion de territoire, notamment dans le chapitre intitulé « White Tigers », où la narratrice se projette dans un espace légendaire dans le rôle de la célèbre escrimeuse vengeresse, Fa Mu Lan, qui sauve son village en le défendant contre l'ennemi. L'auteure inclut dans son récit d'enfance les nombreuses années consacrées à son entraînement difficile, pendant lesquelles elle apprend à combattre des tigres, des dragons, et des armées entières. Elle vit pour un moment la vie de Fa Mu Lan en se mettant dans la peau de l'héroïne. Il n'y a pas de limites à la force, à l'adresse, au courage et au pouvoir de Fa Mu Lan : celle-ci voyage d'un bond par-delà les montagnes et ne se laisse dominer par aucun homme. Refusant les confins de l'espace de réclusion réservé à la femme par la société traditionnelle chinoise machiste et par le monde raciste américain dans lequel elle vit, elle remet en cause leurs frontières. « I could not figure out what was my village[14] », écrit-elle, par la suite pour illustrer son

---

13. Sergio Kokis, *Saltimbanques* suivi de *Kaléidoscope brisé*, Montréal, Lévesque, 2011 [2001], p. 507.

14. Maxine Hong Kingston, *The Woman Warrior : Memoirs of a Girlhood Among Ghosts*, New York, Vintage International, 1989 [1975], p. 45.

trouble identitaire. C'est sans doute pour cela qu'elle brouille les frontières entre la fiction et la réalité[15].

1.2 Les mythes fondateurs

> *Territory folks should stick together,*
> *Territory folks should all be pals.*
> *Cowboys dance with the farmers' daughters!*
> *Farmers, dance with the ranchers' gals*[16].

La théorie de Girard stipule qu'à la base de tout interdit, dont celui des conduites imitatives dans les sociétés dites primitives, il y a la peur de la violence potentielle du mimétique, d'où l'élimination du frère jumeau dans plusieurs mythes fondateurs comme celui de Caïn et Abel ou de Romus et Romulus[17]. Selon Girard, ces mythes :

> masquent et révèlent en même temps le rapport universel des doubles au paroxysme de la crise. L'un des deux frères doit mourir pour que les doubles disparaissent, c'est-à-dire pour que la différence reparaisse et que la cité soit fondée. Le meurtrier est unique mais il représente la communauté tout entière en tant qu'elle échappe au rapport de *double*[18].

---

15. Lire à ce sujet « L'élimination des frontières » dans le travail d'Héloïse Brindamour, p. 76.
16. Oscar Hammerstein II, paroles de la chanson "The Farmer and the Cowman", de la comédie musicale *Oklahoma!*
17. René Girard, *op. cit.*, p. 21-23.
18. *Ibid.*, p. 57.

Ainsi, l'exclusion est à la base de la fondation de toute société et c'est bien dommage pour le jumeau qui en demeure exclu. Dans le but de fonder cette communauté, les individus qui partagent la même langue ou la même mémoire du passé s'unissent toujours pour expulser l'ennemi commun qui représente la violence potentielle du mimétique. Girard explique que dans les mythes inverses du « tous contre un » comme le récit de Noé par exemple, la victime incarne un « retour à la vie » ou la « fondation d'une nouvelle communauté[19] ». Dans le récit de Scliar, le personnage de Max est obligé de quitter Berlin pour fuir le régime nazi. Max se retrouve seul dans un bateau de sauvetage avec un jaguar imaginaire, en route vers le Brésil. Sa vie au Brésil et sa transformation en agriculteur s'inscrivent dans cette promesse d'une vie nouvelle sur un « nouveau » territoire. La grande traversée solitaire de Max devient ainsi le prélude à cette fondation d'une nouvelle communauté.

C'est encore une fois le mythe de Noé que l'on retrouve dans l'histoire de Pi. À cause d'une situation politique instable en Inde, la famille de Pi déménage au Canada. Tout comme Max, Pi se retrouve seul dans un bateau de sauvetage, mais avec de « vrais » animaux. Son arche contient un zèbre, un orang-outan, une hyène tachetée et un tigre du Bengale. Il imagine son frère Ravi se moquer de lui : « You think you're Noah or something[20] ? » La victime représente cette volonté de quitter les anciennes idéologies politiques ou religieuses

---

19. *Ibid.*, p. 58-59.
20. Yann Martel, *op. cit.*, p. 120.

pour voyager vers un monde meilleur. À la différence de Max toutefois, Pi s'insère dans une suite de péripéties non plus articulées autour d'un événement déclencheur unique qui fonde la nouvelle communauté, mais dans un enchaînement chaotique qui se déroule au gré du hasard, de l'imprévu et de la rencontre.

Kokis illustre aussi cette volonté d'un monde nouveau. Le désir d'abandonner l'esprit nationaliste moderne, par exemple, est très marqué dans *Kaléidoscope brisé*. Nous découvrons, un à un, les échecs des saltimbanques de la troupe d'Alberti et la chute des idéaux modernes. Le clown acrobate Fuank, devenu propriétaire d'un bar à Cuba, confie au personnel de son établissement : « Tu as raison, j'étais basque il y a très longtemps [...]. Ces histoires de nationalité sont bonnes pour les gens qui n'ont pas beaucoup de valeur ; [...] C'est justement cette merde de nation et de patrie qui a contribué à détruire notre beau cirque[21]. » Les personnages de ce récit s'affichent d'ailleurs en tant qu'artistes libres penseurs et dédaignent les dichotomies idéologiques. C'est également au gré du hasard et des rencontres imprévues qu'ils construisent leur vie et leur histoire est loin d'être organisée selon la structure narrative linéaire du récit national moderne, reposant souvent sur des liens de cause à conséquence très contrôlés.

Le récit de Scliar, malgré son insertion dans la modernité, expose tout de même un certain désir d'affranchissement des discours exclusifs et rigides. Max, après tout, délaisse certains de ses stéréotypes. On

---

21. Sergio Kokis, *op. cit.*, p. 549-550.

voit également ce désir d'affranchissement des discours exclusifs du récit de Poulin dans la remise en cause d'une vision univoque et idéologique de l'histoire. On le remarque aussi dans le récit de Martel chez le personnage de Pi, dans son refus d'un discours religieux moniste et monopolisant, et chez la narratrice dans le récit de Hong Kingston, qui rejette toute notion de pureté, qu'elle soit ethnique ou sexuelle[22].

1.3 La violence

> On commence à lire l'histoire de l'Amérique et il y a de la violence partout. On dirait que toute l'Amérique a été construite sur la violence[23].

Dans les œuvres abordées jusqu'ici, la violence des idéologies fondatrices est clairement évoquée. Chez Hong Kingston, par exemple, le roman s'ouvre sur une histoire racontée par la mère de la narratrice, celle de *No-Name Woman*. C'est le récit de la tante de la narratrice que la famille paternelle a tenté de bannir complètement de la mémoire familiale parce qu'elle avait enfreint le code social en concevant un enfant avec un homme inconnu alors que son mari était à *Gold Mountain* (aux États-Unis). Celle-ci avait fini par se suicider en tuant son nouveau-né à la suite de l'attaque que le village avait organisée contre elle et sa famille.

---

22. Voir le travail de Catherine Skidds sur la question de l'identité monoculturelle, p. 125.
23. Jacques Poulin, *op. cit.*, (Jack à la Grande Sauterelle), p. 141.

L'histoire illustre parfaitement le processus victimaire auquel se réfère Girard, c'est-à-dire ce mouvement propre à la socialité humaine qui va de la mimésis d'appropriation à la mimésis de l'antagoniste. Girard explique : « Si la *mimésis d'appropriation* divise en faisant converger deux ou plusieurs individus sur un seul et même objet qu'ils veulent tous s'approprier, la *mimésis de l'antagoniste*, forcément, rassemble en faisant converger deux ou plusieurs individus sur un même adversaire qu'ils veulent tous abattre[24]. » C'est donc la théorie du bouc émissaire que décrit Girard ici, selon laquelle la victime « polarise les mimétismes entrecroisés qui déchirent la communauté ; elle rompt le cercle vicieux de la violence ; elle devient le pôle unique désormais d'un mimétisme rituel et unificateur[25]. » Le récit raconté par la mère de Hong Kingston renvoie à ce mécanisme : au lieu de rivaliser et de se faire violence entre eux, les villageois dirigent leur rivalité vers un seul objet en pillant et en humiliant l'ennemi commun. Peut-être même, imagine la narratrice, est-ce l'amant ou le violeur de cette femme l'organisateur du raid. L'exclusion est donc totale, comme le choix de la victime, parfaitement arbitraire.

Le fait que l'auteure raconte cette histoire au tout début du roman n'est d'ailleurs pas banal. La fonction du récit en tant que tel est extrêmement importante chez Hong Kingston. L'acte de raconter est ce qui permet à l'auteure de résoudre les contradictions et d'échapper à cette violence fondatrice qui la persécute au delà des

---

24. René Girard, *op. cit.*, p. 41.
25. *Ibid.*, p. 59.

générations. Par rapport à l'interdiction familiale de raconter l'histoire de cette tante et d'évoquer la violence qu'elle a subie, la narratrice dit :

> I have believed that sex was unspeakable and words so strong and fathers so frail that 'aunt' would do my father mysterious harm. I have thought that my family, having settled among immigrants who had also been their neighbors in the ancestral land, needed to clean their name, and a wrong word would incite the kinspeople even here. But there is more to this silence : they want me to participate in her punishment. And I have[26].

L'auteure décide donc de remettre en cause cette violence fondatrice en rompant le silence imposé par ses ancêtres et sa culture d'origine afin d'échapper au cercle vicieux.

Pour illustrer le processus victimaire, Girard s'appuie sur des exemples tirés de l'Ancien Testament et des Évangiles. Il tente cependant de démontrer en quoi la Bible est singulière par rapport aux autres mythes étant donné que celle-ci révèle la violence fondatrice :

> Puisque la vérité de la violence ne peut pas séjourner dans la communauté, puisqu'elle doit nécessairement s'en faire chasser, elle pourrait se faire entendre, à la rigueur, en tant, justement, qu'elle est en train de se faire chasser, dans la mesure seulement où elle devient victime et dans le bref instant qui précède son

---

26. Maxine Hong Kingston, *op. cit.*, p. 15-16.

écrasement. Il faut que cette victime réussisse à nous atteindre au moment où la violence lui ferme la bouche. Il faut qu'elle en dise assez pour pousser la violence à se déchaîner contre elle mais pas dans l'obscurité hallucinée de toutes les fondations religieuses, qui, pour cette raison, restent cachées. Il faut qu'il y ait des témoins assez lucides pour rapporter l'événement tel que, réellement, il s'est produit, sans le transfigurer ou en le transfigurant le moins possible[27].

Ce phénomène que décrit Girard, nous le retrouvons dans plusieurs œuvres littéraires des Amériques, notamment dans le réalisme magique ou dans la littérature d'Amérique latine qui témoigne des morts niées par le discours étatique officiel. Hong Kingston donne une voix à l'exclue, à la femme opprimée, comme le font par ailleurs Kokis et Scliar par rapport aux victimes des régimes totalitaires. Dans *Volkswagen Blues*, Poulin donne aussi une voix à l'altérité vaincue par l'entremise de la Grande Sauterelle qui raconte les épisodes les plus violents de l'histoire autochtone de l'Amérique du Nord, dont les massacres de Sand Creek en 1864, de Washita en 1868 et de Wounded Knee en 1890. Nous avons ici affaire à une littérature qui dévoile les responsables de la violence, les lyncheurs, ou comme le décrit Girard, une littérature qui tenterait d'échapper à la violence en la révélant, là même où l'histoire officielle se tait.

---

27. René Girard, *op. cit.*, p. 299.

2. La parabole postmoderne et l'identité migrante

> — *So what happened, Mr. Patel? We're puzzled.*
> *Everything was normal and then… ?*
> — *Then normal sank*[28].

2.1 Les déplacements géographique et temporel

Dans les exemples cités, la violence fondatrice donne toujours lieu à des déplacements géographique ou temporel. Dans les récits de Martel, Hong Kingston, Scliar et Kokis, tous les personnages fuient un climat politique difficile et instable et cherchent à se créer une nouvelle vie quelque part dans les Amériques. Chez Martel et Scliar, le récit est en grande partie consacré à la traversée de l'océan, surtout chez Martel, où le déplacement même constitue l'objet principal de l'histoire[29]. Chez Kokis par exemple, nous avons une sorte d'éloge du déplacement grâce à l'image du cirque et la liberté de l'errance, tandis que chez Poulin, bien qu'il ne s'agisse pas d'un déplacement migratoire récent, le grand voyage de Jack et de la Grande Sauterelle est déclenché par le souvenir d'une violence fondatrice territoriale ; le déplacement y est crucial dans la mesure où il est associé à un nouveau regard posé sur le passé. Ces œuvres littéraires sont donc migrantes par ce mouvement incessant qu'elles présentent,

---

28. Yann Martel, *op. cit.*, (Mr. Okamoto et Pi), p. 316.
29. Voir l'analyse de Catherine Coughlan sur la sédentarité et le nomadisme, p. 182.

mais surtout étant donné les déplacements paradigmatiques qu'elles opèrent.

2.2 Les déplacements paradigmatiques

Dans le roman de Poulin, le déplacement est lié à la mémoire et à la survie. Lorsque les personnages retrouvent le frère de Jack, celui-ci ne reconnaît plus son frère. Nous découvrons qu'il est atteint d'une paralysie progressive et qu'en « essayant de faire resurgir le passé, on [risquerait] d'aggraver son état[30]. » Ce même frère, fasciné par les héros de l'histoire nationale et par la violence fondatrice, se retrouve à la fin du récit, sans passé ni avenir. Nous avons donc chez Poulin non seulement un regard critique sur la rigidité d'une perspective historique univoque, mais un regard qui se veut mobile, voire un éloge non seulement du déplacement, mais de l'hybridité et de la transformation.

Les déplacements paradigmatiques existent aussi dans le roman de Martel, notamment chez le personnage de Pi. Ce dernier réussit à survivre à l'altérité radicale, mais en développant une sorte d'interdépendance, de vie commune entre lui et le tigre, Richard Parker. Pi ne tue pas le tigre et ne l'abandonne pas sur l'île flottante lorsqu'il en a l'occasion : nous avons donc une logique de non-exclusion qui échappe à la violence habituelle. Il est non seulement question de la fondation d'une nouvelle communauté, mais d'une nouvelle conception de la communauté, rassemblée de façon arbitraire, mais

---

30. Jacques Poulin, *op. cit.*, p. 319.

inclusive, une situation que peut évoquer le côtoiement non prévu d'immigrants sur un nouveau territoire.

Le roman de Scliar fournit également un exemple de rapport à l'altérité qui échappe, du moins en partie, au dualisme traditionnel moderne. Au cours de sa vie, Max perd plusieurs de ses préjugés. Il épouse une autochtone plutôt qu'une Allemande, comme il souhaitait le faire lorsqu'il était jeune homme. Son identité se transforme donc avec le temps et cette altération permet de résoudre les dichotomies idéologiques initiales de l'histoire. Malgré l'inscription du récit dans la modernité, celui-ci comporte certainement des éléments d'ambiguïté propres à la parabole, dont la fin un peu singulière du conflit. Bien qu'il y ait violence, nous pourrions conclure que ce héros ne tombe pas dans le mécanisme habituel d'exclusion puisque Max se voit obligé de payer pour un crime qu'il a imaginé sans le commettre, alors que l'ennemi s'élimine lui-même. L'État demeure omnipotent et punitif, mais avec le consentement du héros. Celui-ci finit d'ailleurs par vivre en paix avec ses félins, ses oppresseurs de départ, devenus domestiques à la fin du récit.

Dans *Kaléidoscope brisé*, Kokis illustre bien ce passage d'une vision moderne linéaire à une vision en kaléidoscope « postmoderne ». En peignant le Grand Circus Alberti, l'auteur fait ressortir les destinées individuelles des saltimbanques et jette sur les artistes un regard non synthétique et non cohérent, qui porte par delà les dichotomies idéologiques traditionnelles. Le narrateur raconte au sujet du périple sud-américain de la troupe : « Le chapiteau a rencontré la guerre fratricide et l'esclavage des innocents, d'énormes fourmilières d'Indiens atterrés et d'autres crimes, mais il ne s'est pas arrêté dans sa course puisqu'un cirque est au delà du monde[31]. »

Le récit autobiographique de Maxine Hong Kingston échappe aussi aux dichotomies idéologiques. C'est une œuvre qui mêle non seulement les discours machiste et féministe comme nous l'avons vu plus haut avec la légende de Fa Mu Lan transmise par la mère, mais qui mêle aussi les valeurs chinoises et américaines. En s'interrogeant par rapport à l'éventuelle existence d'une pureté des origines et à la transmission culturelle, Hong Kingston interpelle les autres États-Uniens d'origine chinoise à se questionner sur la possibilité de définir une culture :

> Chinese-Americans, when you try to understand what things in you are Chinese, how do you separate what is peculiar to childhood, to poverty, insanities, one family, your mother who marked your growing with stories, from what is Chinese? What is Chinese tradition and what is the movies[32]?

Par son récit et la forme que prend celui-ci, l'auteure semble déjà proposer au moins une partie de réponse à cette question : il est impossible de distinguer ces éléments, sinon en les exprimant par une parole migrante, multiple et impure. Ni ceci, ni cela, mais tout à la fois :

---

31. Sergio Kokis, *op. cit.*, p. 507.
32. Maxine Hong Kingston, *op. cit.*, p. 5-6. Voir aussi le roman d'Isabel Allende, *Daughter of Fortune*, Margaret Sayers Peden (trad.), New York, Harper Collins, 1999.

rien n'est donc exclu[33] car le processus d'attribution et son lien à des récits linéaires sont flous.

2.3 L'esthétique postmoderne

Ce type de récit qui remet en question les paradigmes dualistes de la modernité auquel nous avons affaire est très souvent caractérisé par l'esthétique de l'impureté dite postmoderne évoquée par Guy Scarpetta dans *L'impureté*. En se référant à l'esthétique littéraire qui se dessine dans les années soixante-dix et quatre-vingt, Scarpetta soutient par exemple que ce qui la caractérise principalement est « l'affirmation d'une impureté fondamentale – pas très éloignée, peut-être, de ce que les discours religieux désignaient comme le péché originel[34]. » Cette idée nous ramène à la violence fondatrice de Girard. Car l'impureté stylistique et « idéologique » qui est caractéristique entre autres de ces œuvres migrantes des Amériques que nous avons abordées pourrait peut-être même être la seule façon de mettre en valeur la dynamique de la violence sans tomber dans la violence.

Scarpetta évoque par exemple cette « double position d'excès : "vers le haut", et "vers le bas". Du côté de la religion, et du côté de l'obscénité. […] Et sans jamais séparer l'un de l'autre, – seule façon, semble-t-il, de résister aux pressions de la Norme[35]. » C'est exactement ce que

---

33. Lire à ce sujet l'analyse de Catherine Skidds sur la question de l'essentialisme identitaire, p. 125.
34. Guy Scarpetta, *L'Impureté*, Paris, Éditions Grasset & Fasquelle, 1985, p. 307.

nous avons, d'ailleurs, avec le personnage de Juan Evangelista dans *Kaléidoscope brisé*. Le prédicateur ambulant est à la fois religieux et profiteur, prêcheur biblique et commerçant astucieux, c'est-à-dire trafiquant de cocaïne, et libre polygame aussi. Il est, en somme, l'exemple parfait du double excès dont fait mention Scarpetta.

Un autre exemple de cette esthétique de l'impureté est celui d'une écriture « où la saveur musicale des langues se mêle à la dépense des formes[36] ». Cette « inventivité » ou cette « aisance à bousculer les langages figés[37] » que Scarpetta décèle chez des auteurs comme Céline, Duras, Carlo Emilio Gadda et José Lezama Lima, nous la retrouvons notamment dans *The Woman Warrior*. Maxine Hong Kingston emploie une langue anglaise profondément hybride, remplie d'expressions chinoises anglicisées ou traduites littéralement. Tout au long du récit elle emploie par exemple l'expression « talk-story », en l'utilisant à la fois comme verbe, nom, et en leitmotiv. Elle se réfère aussi à tout inconnu par l'appellation *ghost*. Ce mot sert non seulement à évoquer les esprits des ancêtres, mais également à définir tous les personnages qui peuplent cette Amérique étrangère dans laquelle elle vit, des *delivery ghosts* et *garbage ghosts*, jusqu'aux *ghost teachers*.

---

35. *Ibid.*, p. 308. Lire aussi à ce sujet « Paradigme barbarie/civilisation autour de l'axe dichotomique propreté et saleté » dans le texte de Catherine Coughlan, p. 174.
36. Guy Scarpetta, *op. cit.*, p. 232.
37. *Ibid.*

Une autre manifestation de cette esthétique impure que soulève Scarpetta est l'ironie. Celle-ci est bien sûr présente chez Martel, Scliar et Kokis, mais l'est en particulier chez Poulin et Hong Kingston. Dans l'écriture postmoderne, elle aurait comme fonction, selon Scarpetta, la « dévalorisation […] de l'idéalisation ou de l'obsession de pureté[38]. » Dans le récit de Hong Kingston, l'ironie sert parfois à refuser justement la pureté de l'idéal féminin soumis, imposé par la société chinoise traditionnelle. Après avoir décrit les coutumes douloureuses auxquelles les femmes chinoises de diverses générations se sont soumises comme le bandage des pieds et les pratiques dépilatoires des cheveux sur le front et les tempes, la narratrice conclut : « I hope that the man my aunt loved appreciated a smooth brow, that he wasn't just a tits-and-ass man[39]. » L'ironie sert donc ici à dévaloriser ces critères de beauté qui obligeaient la femme à s'infliger des tortures.

Dans le roman de Poulin par exemple, l'ironie sert très souvent à déconstruire l'idéalisation de certains lieux communs tels que « l'écrivain idéal », qui s'avère complètement à l'opposé de Jack Waterman, ou la ville de Detroit qui, comme le découvrent les deux personnages, n'est pas du tout « un endroit bien tranquille », ou encore les ranchers qui se montrent très peu accueillants, comme les personnages l'auraient cru. Qui plus est, les héros nationaux comme Étienne Brûlé, idéalisés par Jack et par son frère pendant leur enfance, se révèlent être, eux aussi, de faux mythes. Toujours, il

---

38. *Ibid.*, p. 279.
39. Maxine Hong Kingston, *op. cit.*, p. 9.

y a ce décalage entre ce qui est dit et ce qui est, sous la fausse naïveté des personnages et de leurs discours.

Scarpetta montre ce que l'esthétique postmoderne a de commun avec le baroque en ce qu'elle a de subversif. Les deux styles refusent tout totalitarisme en prenant une forme plurielle, singulière et impure. Scarpetta définit cette logique esthétique baroque comme étant « celle qui travaille sur le simulacre, la déréalisation, et les opérations de recyclage[40]. » Dans le roman de Martel, l'histoire du tigre produit certainement cet effet déréalisant, tout comme l'épisode de l'île flottante, mangeuse de chair. L'effet de déréalisation est encore plus important dans la troisième partie du roman, où il est question de l'interrogatoire des représentants du ministre des transports japonais. En racontant un second récit violent plus « vraisemblable » aux yeux des Japonais, où la férocité des bêtes est incarnée par des acteurs humains, Pi nous fait douter de la véracité du premier récit et brouille les pistes. L'effet de déréalisation est donc total et la volonté d'éviter tout récit de légitimation, manifeste. Dès lors, impossible de savoir quelle est la « vraie » histoire. Il reste au lecteur de choisir et de produire les significations qui lui conviennent.

Par ailleurs, les opérations de recyclage sont également présentes dans l'œuvre de Martel étant donné les intertextes bibliques et autres, dont le récit de Scliar. L'intertextualité joue d'ailleurs un rôle de premier ordre dans le roman de Poulin. Non seulement s'établit-il une série de parallèles entre Jack Waterman et Jack Kerouac,

---

40. Guy Scarpetta, *op. cit.*, p. 361.

mais le récit est rempli d'interventions et d'apparitions d'écrivains, de leurs fantômes, de leurs mondes fictionnels, de leurs textes, de poèmes et de chansons aussi, qui tissent la trame du voyage de Jack et de la Grande Sauterelle. Étant donné l'ironie du roman, ces intrusions intertextuelles opèrent comme des matières recyclées et c'est très souvent cette parole décontextualisée qui permet de représenter le pluriel et l'équivoque.

Scarpetta met en évidence la crise du symbolique dans l'esthétique postmoderne. En ce sens, le récit de Scliar se révèle assez peu « postmoderne », puisque l'identité du sujet demeure unique et cohérente. Lorsque Max se trouve dans le bateau de sauvetage et se croit, à un certain moment, « pantin […] dans un monde piégé[41] », comme le décrirait Scarpetta, nous pourrions croire à un récit typiquement postmoderne. Max imagine que le jaguar est piloté par son ancien professeur dans le cadre d'expériences pseudo-scientifiques ou par le gouvernement brésilien pour observer le comportement des nouveaux arrivants, mais le simulacre est vite révélé. Le récit oscille donc entre ces effets déréalisants des hallucinations de Max ou des expériences meurtrières absurdes du Professeur Kunst, et la narration univoque et linéaire d'une esthétique moderne.

Dans sa définition de l'esthétique postmoderne, Scarpetta évoque l'hétérogène typique du baroque tardif d'Allemagne et d'Europe centrale, où « ce ne sont que confrontations et collisions de matériaux, de formes,

---

41. *Ibid.*, p. 268.

d'espaces, sans "commune mesure" entre eux[42]. » Les romans de Kokis et de Hong Kingston s'inscrivent parfaitement dans cet esprit hétérogène. Le récit autobiographique de Hong Kingston se compose d'éléments légendaires, d'anecdotes familiales, ainsi que d'événements historiques. Ses évocations du passé sont très souvent spéculatives et au mode conditionnel. Cette confrontation de lieux et d'espaces divers dans une narration non linéaire et non chronologique est tout à fait baroque en ce sens.

Dans ce même ordre d'idées, Scarpetta affirme que dans un récit de type postmoderne « il y a plusieurs histoires, des strates, des hétérogénéités temporelles, des effets de rétroaction, d'après-coup – et aussi cet univers […] où l'on échappe au Temps[43]. » C'est l'univers éclaté de *Kaléidoscope brisé*, où la narration se fait à partir de plusieurs points de vue, voyageant d'un pays à l'autre, d'un personnage à l'autre et d'une époque à l'autre, grâce à la mémoire de chacun. Bref, l'auteur nous oblige à poser un regard multiple et mouvant sur les éléments du Grand Circus Alberti, aucun de ceux-ci n'étant dominant.

L'attitude baroque par rapport au passé pour Scarpetta, selon laquelle « il ne s'agit pas de revenir en arrière, mais, par exemple, de réécrire l'histoire, autrement[44] » ressemble à celle que nous retrouvons dans *Volkswagen Blues* de Poulin. Sans nier pour autant l'importante fonction de la mémoire, les personnages du roman de Poulin tentent de reconstruire l'histoire au fil

---

42. *Ibid.*, p. 364.
43. *Ibid.*, p. 359.

d'indices, mais en dévoilant ses pièges et ses stéréotypes. Comme mentionné plus haut, le récit donne une voix aux exclus de l'histoire, aux victimes d'une violence passée sous silence. Le roman de Poulin fait ceci justement par un épisode « d'hyperthéâtralisation », où la Grande Sauterelle joue la caricature d'une Indienne en colère dans un musée, en interrogeant le guide sur la mitrailleuse Gatling, et en criant à répétition, « White men, big shitters[45] ! » Ce simulacre ou ce « spectacle exhibé comme tel » et « sans aucune intention réaliste[46] » sert en fait à révéler la violence à partir d'une perspective autre qui échappe encore une fois à une vision univoque de l'histoire nationale et étatique. La théâtralité baroque, propre à l'esthétique postmoderne de l'impureté, servirait ainsi à remettre en cause la violence fondatrice d'une manière si stylisée qu'elle éviterait de tomber sous son joug. Elle la met en lumière tout en demeurant externe à la confrontation et agit de manière indirecte.

2.4 La mort

> *Si potrebbe andare tutti quanti al tuo funerale.*
> *Vengo anch'io ? No, tu no.*
> *Per vedere se la gente poi piange davvero*
> *e capire che per tutti è una cosa normale*
> *e vedere di nascosto l'effetto che fa[47].*

---

44. *Ibid.*, p. 358.
45. Jacques Poulin, *op. cit.*, p. 222.
46. Guy Scarpetta, *op. cit.*, p. 366.

Tous les éléments postmodernes présents dans ces œuvres migrantes des Amériques permettent cette confrontation de la violence fondatrice d'une exclusion identitaire, culturelle et territoriale depuis une perspective qui échappe à la logique dualiste. Imbert affirme que ce type de fiction impure mêlant le baroque et les témoignages est le seul qui puisse échapper au discours étatique, surtout celui qui est dictatorial et négationniste : « This exterior to discourse, which [...] reports the passage from life to death, allows to confront media and historical misinformation produced by agents and intellectuals at the service of murderous governments or in connivance with them[48] ». Cette parole souple, en évitant la catégorisation, permet au témoignage de demeurer « extérieur » par rapport aux discours officiels, mais elle demeure forcément extérieure à tout discours idéologique puisqu'elle évoque le fait absolument indéniable que des gens étaient vivants et que maintenant ils sont morts. Que ce soit celle des juifs, des Guaranis, des femmes chinoises, ou des Sioux, cette mort se doit d'être nommée.

---

47. Dario Fo et Enzo Jannacci, paroles de la chanson *Vengo anch'io ? No, tu no* : « On pourrait aller tous ensemble à tes funérailles. / Je viens avec vous ? Non, pas toi. / Pour voir si les gens pleurent vraiment / Et comprendre que c'est normal pour tout le monde / Et se cacher pour voir l'effet que ça fait. » (C'est moi qui traduis.)
48. Patrick Imbert, *op. cit.*, p. 59-60.

Bibliographie

Allende, Isabel, *Daughter of Fortune*, Margaret Sayers Peden (trad.), New York, Harper Collins, 1999.

Bhabha, Homi K., *The Location of Culture*, London, Routledge, 1994.

Girard, René *Des choses cachées depuis la fondation du monde*, Paris, Grasset, coll. « biblio essais – Le livre de Poche », 2010 [1978].

Hong Kingston, Maxine, *The Woman Warrior : Memoirs of a Girlhood Among Ghosts,* New York, Vintage International, 1989 [1975].

Imbert, Patrick, "Theories of Exclusion and Inclusion : Cultural Dynamics in Knowledge-Based Societies", Patrick Imbert (Ed.), *Theories of Inclusion and Exclusion in Knowledge-Based Societies*, Ottawa, University of Ottawa Research Chair : Canada : Social and Cultural Challenges in a Knowledge-Based Society, 2008.

—, *Trajectoires culturelles transaméricaines. Médias, publicité, littérature et mondialisation*, Ottawa, Les Presses de l'Université d'Ottawa, coll. « Transferts culturels », 2004.

Kokis, Sergio, *Saltimbanques* suivi de *Kaléidoscope brisé*, Montréal, Lévesque, 2011 [2001].

Martel, Yann, *Life of Pi*, Orlando, Harcourt, 2001.

Poulin, Jacques, *Volkswagen Blues*, Montréal, Leméac Éditeur, coll. « Babel », 1988.

Scarpetta, Guy, *L'Impureté*, Paris, Éditions Grasset & Fasquelle, 1985.

Scliar, Moacyr, *Max and the Cats*, Eloah Giacomelli (trad.), Toronto, Lester & Orpen Dennys, 2003 [1990].

Bio-bibliographie

Marie-Hélène Urro est étudiante à la maîtrise au Département de français de l'Université d'Ottawa. Elle s'intéresse entre autres à la littérature comparée, au phénomène des écritures migrantes, à l'impureté, à l'absurde, au théâtre et à la littérature de montagne. Elle prépare une thèse sur l'œuvre de Kim Thuy.

Courriel : murro@uottawa.ca

Rencontres et identité

Catherine Skidds
Université d'Ottawa

Résumé

Les Amériques ont été le théâtre de multiples guerres de colonisation, qui ont eu des répercussions sur la conception même de la notion d'identité. Les rencontres entre les différentes cultures, inévitables en contexte de conquêtes, se sont malheureusement souvent effectuées sous le signe de la violence et de la domination. On retrouve encore aujourd'hui cette attitude dans les écrits d'auteurs ayant été leur propre Amérique, c'est-à-dire ayant eux-mêmes vécu un choc culturel, mais leur position d'artiste leur permet la critiquer et de réconcilier, dans une certaine mesure, ces différentes identités qui s'affrontent en eux.

Introduction

L'histoire des Amériques a cela de particulier qu'elle s'est construite par les conquêtes, expéditions de grande envergure motivées par les récits de légitimation propagés par les têtes dirigeantes des pays européens.

L'image du nouveau continent que l'on véhiculait était celle d'un paradis sur Terre. On appâtait les gens en faisant miroiter un lieu de promesses[1] permettant d'échapper à ce « jeu à somme nulle » qu'était la vie en Europe, où pour parvenir à se hausser dans la société, il fallait se battre et prendre la place d'un autre, il fallait le déposséder de ses biens. L'Amérique était donc présentée, pour les moins bien nantis de l'époque, comme une façon de se soustraire à ces luttes de pouvoir : un tout nouveau territoire, vide et énorme, à faire sien.

La réalité était toutefois moins paradisiaque, les colons fraîchement débarqués en Amérique sont rapidement tombés face à face avec l'« Autre » qui habitait déjà les terres, rencontre qui ne s'est pas déroulée harmonieusement[2]. Le roman de Laura Esquivel, *The Law of Love*, en fait par ailleurs état : situant les premières pages à l'époque de la conquête du Mexique par les Espagnols, l'auteure insiste dans ses descriptions sur la violence d'un tel choc de cultures. Les nouveaux arrivants ont dû lutter contre les peuples déjà établis sur les terres pour imposer leur culture, qu'ils considéraient comme plus civilisée, et pour s'emparer de l'« objet de désir » – pour reprendre l'expression de René Girard dans *Des choses cachées depuis*

---

1. Patrick Imbert, « Transculturalité et Amériques », *Transcultural Americas / Amériques transculturelles*, Afef Benessaieh (dir.), Ottawa, Les presses de l'Université d'Ottawa, 2010, p. 41.
2. Afef Benessaieh, « Introduction : Amériques transculturelles ? », *Transcultural Americas / Amériques transculturelles*, Afef Benessaieh (dir.), Ottawa, Les presses de l'Université d'Ottawa, 2010, p. 5.

la fondation du monde[3] – c'est-à-dire le pouvoir. Ils se serviront donc de la force pour imposer une culture unique, la leur, à laquelle tous les habitants doivent se rallier sous peine d'être violemment exclus, voire annihilés. Ce comportement n'est qu'un exemple de mise en pratique des principes du monoculturalisme, que nous définirons comme étant une forme d'intégration – certains emploient même le mot assimilation – qui exige que les gens se conforment à une langue et à un type de tradition, bref, à une culture particulière. Souvent, ce genre d'approche est utilisé dans le cadre d'un mouvement de solidification d'une identité culturelle encore en construction, dans le but de créer un sentiment d'appartenance, mais elle peut parfois également servir à préserver une identité ou une culture qui est perçue comme chancelante.

Une démarche de ce genre a pour but d'éliminer les différences, mais elle a également pour effet de prévenir – d'une certaine façon – les changements trop drastiques et de maintenir les gens dans une ignorance relative[4]. En effet, qui dit société à uniformiser, dit souvent contrôle des informations qui y circulent, ce qui assure une certaine stabilité des mœurs. Le roman *Maria Chapdelaine* de Louis Hémon en est un bon exemple : devant choisir entre deux options d'avenir, le monde de l'inconnu (les États-Unis) ou la tradition québécoise (le Lac Saint-Jean), Maria opte

---

3. René Girard, *Des choses cachées depuis la fondation du monde*, Paris, Grasset, 1978.
4. Voir le texte de Marie-Hélène Urro, « Le récit moderne et l'identité territoriale », p. 93.

pour le mariage avec son voisin. Ainsi, au lieu de partir et de découvrir une nouvelle culture, elle choisit de rester et de prolonger ce que sa mère avait commencé[5], souscrivant du même coup à un grand récit de légitimation québécois nationaliste qui encourage le travail de la terre et qui diabolise les grandes villes étatsuniennes. Les deux nouvelles de Gabrielle Roy, « Où iras-tu Sam Lee Wong ? » et « Les deux nègres », tirées respectivement des recueils intitulés *Un jardin au bout du monde* et *Rue Deschambault*, montrent également les effets de cet état d'esprit chez les gens qui résident dans des coins plus reculés du pays, qui sont donc profondément imbibés de leur culture puisque les échanges avec l'extérieur sont encore, à l'époque, plutôt limités.

Récemment, un autre discours semble se façonner peu à peu en ce qui a trait à la monoculture. L'ouvrage dirigé par Erik Kramer, intitulé *The Emerging Monoculture*, regroupe plusieurs textes qui réfléchissent sur la nouvelle hypothèse qui pose la monoculture comme un système qui revient « au goût du jour ». Les travaux retenus par Kramer tendent à démontrer que de nos jours, avec la mondialisation, on noterait une tendance à vouloir conformer tous les peuples à un mode de pensée orienté autour du pouvoir financier et des valeurs capitalistes. Kramer compare le monde à une grosse ville, prenant comme point commun la diversité des cultures unies sous une même volonté ou idéologie dirigeante pour illustrer que cette pseudo-unité est marquée par une grande

---

5. Margaret Atwood, *Survival: a Thematic Guide to Canadian Literature*, Toronto, Anansi, 1972, p. 218.

indifférence des individus par rapport au groupe. Un tel résultat est, selon lui, plutôt contraire à l'objectif visé, puisque le sentiment d'appartenance, essentiel à la cohésion de l'identité culturelle, est absent. L'image de l'idéal vers lequel il faudrait alors tendre serait plutôt celle du village, puisque le sentiment d'appartenance et de cohésion au sein du groupe y est habituellement très fort.

Si une conclusion semble se dégager de ces deux théories du monoculturalisme, c'est bien qu'une telle approche est perçue négativement par plusieurs chercheurs. Prenant appui sur cette observation plutôt théorique, il s'avérera intéressant d'étudier, à la fois dans des textes de fiction et de non-fiction, quel est le rapport à l'immigration observé dans certaines cultures, pour tenter par la suite de dégager le discours sur l'identité qui y est développé. Si une telle analyse du corpus permettra d'abord de réfléchir à la question de la rencontre dans un contexte identitaire, ses avantages et ses inconvénients, elle s'élargira par la suite pour toucher la notion problématique de l'identité dans son acceptation plus générale. Tant les textes de fictions que ceux à tendance plus autobiographique s'entendent sur la complexité inhérente à la question identitaire qui est dépeinte par tous comme unique en apparence, mais pourtant irrémédiablement multiple.

Le rapport à l'identité développé dans les textes suivants s'avère particulièrement intéressant puisque chacun d'eux est écrit selon une perspective différente. Il y a d'abord l'essai *Nord perdu* de Nancy Huston, auteure canadienne ayant émigré en France, qui porte principalement sur la question de l'identité, mais en adoptant le point de vue de l'exilée, puisqu'elle a quitté le Canada pour un pays aux tendances monoculturalistes, la France. Un autre essai s'y ajoute, soit celui de Ying Chen intitulé *Quatre mille marches*. Le texte présente l'expérience de l'auteure en tant que femme chinoise ayant immigré au Canada, quittant ainsi un pays qui se veut fortement monoculturel. Les deux essais offrent donc des points de vue contraires, mais complémentaires.

Viennent ensuite les textes de fiction, dont le recueil de poésie *Du vertige et de l'espoir: Carnets africains* de Michel A. Thérien. Cet auteur franco-ontarien prend la plume pour témoigner d'une culture qui lui est extérieure, mais avec laquelle il est entré en contact au cours de voyages. S'ajoutent « Les deux nègres » et « Où iras-tu Sam Lee Wong? », deux nouvelles qui sont écrites par Gabrielle Roy, une auteure canadienne se glissant dans la peau d'immigrants de telle façon que, bien que ce ne soit jamais explicitement dit, le lecteur comprend la sympathie de l'auteure pour ses personnages étrangers. Enfin, nous nous consacrerons au roman de Laura Esquivel, intitulé *The Law of love*, une auteure mexicaine écrivant à propos de sa propre culture.

L'ordre dans lequel ces textes ont été présentés n'est pas innocent. Il marque plutôt une certaine progression dans la narration : nous passons d'un « je » autobiographique et très personnel dans les deux essais, à ce « nous » qui est à la fois « je », « tu » et « il », de Michel Thérien. Ensuite, le « il » de Gabrielle Roy, qui est en fait aussi un peu « je » puisque l'on perçoit que l'auteure endosse le point de vue des personnages immigrants grâce à certains effets de style qui donnent une impression de plonger dans leur subconscient. Enfin, il y a le « elle » beaucoup moins émotionnellement connoté du roman de Laura Esquivel. Cette variation de l'investissement des auteurs dans leur narration s'avère particulièrement significative.

1. La rencontre, élément fondateur

La rencontre est une notion essentielle dans la construction de la culture des Amériques. Elle revêt une importance plus particulière encore dans le cadre d'une société monoculturelle. Les divers textes à l'étude abordent tous cet aspect de la question, présentant ce moment de contact entre deux cultures comme le moment déclencheur autour duquel s'articulera une réflexion sur l'identité. La rencontre apparaît dans plusieurs textes comme étant nécessaire à la prise de conscience de la culture d'origine propre à chacun et des traits qui la caractérisent.

Ainsi, dans son essai, Nancy Huston suggère que le fait d'être mise face à face avec l'autre a été une étape majeure dans la compréhension de ce qui définit son identité propre et la culture d'où elle est issue. Elle dit qu'« (a)u fond, on n'apprend vraiment à connaître ses propres traits culturels qu'à partir du moment où ils jurent avec la culture environnante[6] ». Selon l'auteure, ce n'est donc qu'au contact avec une culture étrangère dominante, celle de la France, qu'il est possible de mesurer le fossé entre la culture d'origine et celle d'adoption. C'est à partir de

---

6. Nancy Huston, *Nord Perdu : suivi de Douze France*, Montréal, Leméac, 1999, p. 31.

cette différence qu'il sera possible de se constituer une identité d'origine, dans un processus qui relève donc plutôt de l'antithèse que de la synthèse, et qui s'affirme par la négative, dans la dichotomie des points de repères culturels. C'est cette même idée que la compréhension d'une culture doit passer par la reconnaissance d'une différence qui s'élabore dans le roman de Laura Esquivel, bien que son roman soit plutôt situé dans le cadre de la colonisation du Mexique. En effet, dans les premières pages de son texte, l'auteure présente Citlali et Isabel en insistant sur les différences culturelles qui les empêchent de reconnaître les points qu'elles ont pourtant en commun[7]. À défaut de lancer les bases de ce qui pourrait être une communion entre les deux cultures, il semble que la rencontre permette à tout le moins à l'individu de prendre conscience de la culture d'où il provient, lui qui autrement aurait pris ces traits particuliers pour de l'acquis.

Cette rencontre entre un individu et une culture dominante, bien qu'essentielle, n'est souvent pas harmonieuse. Plusieurs textes du corpus font état des effets négatifs d'un tel contact, le plus virulent à cet égard étant celui de Laura Esquivel, qui fait de la rencontre un moment de violence pure. Pensons notamment au viol de Citlali par Rodrigo. Le contact devra par la suite être répété dans toutes les réincarnations des personnages, et ce, jusqu'à ce que cette même rencontre devienne exempte de toute violence, afin que le bien puisse en émerger et que les péchés soient expiés. Si tous les textes

---

7. Laura Esquivel, *The Law of Love*, Margaret Sayers Peden (trad.), New York, Crown's Publisher, 1999, p. 8-9.

ne montrent pas un côté aussi barbare de la rencontre, la plupart s'entendent néanmoins pour dépeindre la relation de domination qui s'établit : le pouvoir étant entre les mains de la culture majoritaire, cette dernière force éventuellement l'individu à rejeter une partie de ce qui le constituait de prime abord, dans l'espoir de parvenir à « appartenir ».

Quand cette rencontre s'inscrit dans un contexte d'immigration au sein d'une société où le monoculturalisme est fort, il est courant de voir l'individu être obligé de se plier à la culture qui détient le pouvoir. Cette attitude est caractéristique de ce que René Girard a nommé dans *Des choses cachées depuis la fondation du monde* « la mimesis d'appropriation[8] ». Les dirigeants de la société, pour s'assurer de garder l'objet de désir, c'est-à-dire le pouvoir, forcent les nouveaux arrivants à se conformer à l'identité culturelle qu'ils ont façonnée à grand renfort de récits de légitimation. C'est toutefois une exigence impossible, puisque les nouveaux arrivants ne parviendront jamais à correspondre parfaitement à l'idéal ni à se fondre dans la masse. Il restera toujours immanquablement un détail – un accent, un nom, un trait physique – qui trahira leur origine[9]. Une telle attitude

---

8. Voir à ce sujet Patrick Imbert, « Violence, mimésis d'appropriation et construction de l'extérieur », *Voix plurielles*, vol. 3, n° 2, septembre 2006, en ligne : http://www.brocku.ca/brockreview/index.php/voix-plurielles/article/view/509/484

9. Voir à ce sujet Homi K. Bhabha, *The Location of Culture*, New York, Routledge, 1994.

envers l'« autre » permet, et c'est ce que les textes à l'étude démontrent, de garder ces gens en position d'infériorité et de s'assurer qu'ils ne s'empareront jamais du pouvoir. Will Kymlicka, dans son essai intitulé *Multicultural Odysseys: Navigating the New International Politics of Diversity*, ajoute même que quiconque ne correspond pas aux normes établies par la majorité monoculturelle se retrouve confronté au risque d'exclusion, ou d'assimilation[10]. Le choix est donc clair, il faut se conformer, sous peine d'être rejeté.

Les auteurs comme Gabrielle Roy ou Nancy Huston ont bien senti cet ultimatum, et, face à cette menace d'exclusion ou d'assimilation, plusieurs ont choisi de se tourner vers l'assimilation. Nancy Huston utilise une image qui parle pour elle-même, celle du masque, qui revient également dans les autres textes aussi, quoique de façon moins explicite.

Nancy Huston dédie un chapitre complet à cette image du masque, qui s'ouvre sur les phrases suivantes :

> Choisir à l'âge adulte, de son propre chef, de façon individuelle pour ne pas dire capricieuse, de quitter son pays et de conduire le reste de son existence dans une culture et une langue jusque-là étrangères, c'est accepter de s'installer à tout jamais dans *l'imitation, le faire-semblant, le théâtre*[11].

---

10. Will Kymlicka, *Multicultural Odysseys: Navigating the New International Politics of Diversity*, New York, Oxford University Press, 2007, p. 62.
11. Nancy Huston, *op. cit.*, p. 30.

Dès lors, l'adulte qui consent à changer de culture en vient lentement à corriger ses gestes, ses élans naturels, c'est-à-dire ses élans culturalisés par un accès à une culture première, pour correspondre le plus possible aux autres et à ce qu'on attend de lui. Toutefois, c'est un rôle qui reste impossible à jouer parfaitement et les faux pas sont inévitables. De telles erreurs font tomber les masques et rappellent ce statut « différent » qu'est celui de l'exilé. Il sera par la suite bien difficile, comme le souligne Huston, de se défaire de cette étiquette du pays natal.

Une telle stigmatisation est dénoncée par plusieurs auteurs, qui montrent à quel point il est difficile, voire impossible, de ne pas se faire immédiatement apposer une étiquette renvoyant au défaut qui trahit les origines culturelles différentes et comment une telle catégorisation est perçue par les gens qui en sont les victimes. Nancy Huston déplore le fait qu'aussitôt qu'une erreur est commise par ceux qu'elle appelle les « exilés », ils perdent tout attribut autre que leur nationalité première pour devenir « *la* Russe, *le* Néo-Zélandais, *le* Sénégalais, *la* Cambodgienne et ainsi de suite[12] ». Cette réaction, bien qu'elle ne soit pas toujours mal intentionnée, est perçue comme très réductrice, et crée une certaine frustration chez ceux qui en font les frais. Cela n'est pas sans rappeler les deux nouvelles écrites par Gabrielle Roy, où c'est l'ignorance des gens qui est la cause du traitement plutôt condescendant que les personnages immigrants subissent. La nouvelle « Où iras-tu Sam Lee Wong ? » illustre bien, à travers le traitement que les habitants de la ville

---

12. *Ibid.*, p. 34.

d'Horizon réservent à Sam Lee Wong, les effets que les étiquettes peuvent avoir sur les « exilés ». Ainsi, même plusieurs années après l'établissement de Sam Lee Wong dans la ville canadienne, les résidents continuent de lui parler avec un vocabulaire approximatif, voire enfantin, refusant inconsciemment de laisser une chance au progrès et à l'amélioration. Sam Lee Wong, même s'il est bien implanté dans le décor d'Horizon, demeure identifié comme le chinois, inférieur puisqu'il ne maîtrise pas la langue aussi bien que les autres habitants. Le fait qu'ils se soient mis à appeler Sam Lee Wong « Charlie », un peu comme on appelle presque toujours les noirs « nègres » dans l'autre nouvelle de Gabrielle Roy, témoigne d'une certaine prise de pouvoir de la majorité sur l'identité de ces gens, à qui l'on impose un nouveau nom, sans tenir compte de l'original. C'est une façon plus ou moins consciente de mettre en échec les tentatives de s'assimiler des « étrangers » en les laissant se mélanger à la culture dominante, mais en leur rappelant constamment qu'ils n'en font pas exactement partie à part entière.

Nous retrouvons sensiblement le même son de cloche dans l'essai de Ying Chen, qui, dès qu'elle s'est mise à écrire, a été élevée en porte-parole de la communauté chinoise par sa ville d'adoption. Bien qu'un tel geste ne soit pas intentionnellement réducteur, il revient encore une fois à mettre une étiquette sur un individu qui souhaiterait s'intégrer, en lui rappelant constamment qu'un tel souhait est impossible à réaliser. Elle déplore également le fait que dans sa société d'accueil, dont elle maîtrise pourtant la langue et les coutumes, elle est encore parfois perçue comme suspecte lorsque cela convient aux autorités. Elle appuie cette affirmation sur un épisode où elle relate un traitement dégradant sans doute attribuable à ses traits physiques, qui soudainement rendaient son passeport canadien suspect. Cela s'est passé quelque temps après l'épisode du 11 septembre 2001, alors que la sécurité dans les aéroports commençait à être renforcée et que les agents étaient sous un niveau de stress augmenté. Une fouille a été conduite « aléatoirement » sur certains passagers, tous non caucasiens, comme l'a remarqué Ying Chen qui en a également été victime. Les agents ont remis en question la validité de son passeport, en s'appuyant seulement sur ses traits physiques asiatiques, la soupçonnant injustement de falsification de documents. Un tel geste de la part des autorités, contre qui Ying Chen n'a aucun pouvoir en tant qu'individu, démontre à quel point la société – ici le Canada – est ouverte, mais seulement en apparence puisqu'aussitôt que le pouvoir se sent menacé, il se donne le droit de douter de l'authenticité de l'identité d'un individu, en ne s'appuyant que sur des arguments arbitraires et superficiels, comme ici la couleur de la peau. C'est donc montrer que même après avoir été officiellement et légalement reconnu comme membre d'une communauté, un individu, à cause de certains traits sur lesquels il n'a aucun pouvoir, est encore placé sur la sellette, n'étant pas considéré comme citoyen à part entière.

Il a été démontré que la rencontre permet de prendre conscience non seulement de la culture d'origine, mais surtout du fossé qui sépare celle-ci de la culture à adopter. Les textes ont montré que, malgré les efforts déployés par les individus, parvenir à se fondre dans le moule d'une identité culturelle nouvelle relève malheureusement la plupart du temps de l'utopie. Même en essayant d'adopter de nouveaux comportements et en souscrivant à un nouveau mode de vie, l'individu doit faire face à des éléments qui nuisent à son intégration. À toujours corriger ses actes, sans toutefois recevoir de reconnaissance pour les changements réalisés, l'« exilé » perd ses repères culturels. Il n'est plus ce qu'il était avant la rencontre, mais il ne parvient pas non plus à s'intégrer à cette nouvelle culture puisqu'on ne lui en laisse pas la chance. L'identité devient donc une sorte d'inconfortable entre-deux. Nancy Huston et Ying Chen abordent la question et soulèvent les inquiétudes que ce flou identitaire suscite. Nancy Huston reprend l'image du masque, pour dire que sous ce masque, la peau vieillit, se ramollit, déformant le visage au fil du temps jusqu'à le rendre méconnaissable. Son identité initiale s'est donc effacée avec le temps, pour devenir une sorte de pâle copie de l'original, mélangée aux traits grossiers de la culture dominante que le masque lui a imprégnés avec les années. Ying Chen traite également de cette notion de perte d'identité, puisqu'elle-même a dû renoncer à sa citoyenneté chinoise pour pouvoir devenir canadienne, la Chine n'acceptant qu'une seule citoyenneté pour ses habitants. C'est un rejet officiel par la mère patrie, et par le fait même une perte de cette partie de l'identité. Cette altération de l'identité n'est pourtant pas compensée par l'adoption d'une nouvelle culture, puisque, comme il a été démontré plus haut, la société d'accueil impose certaines limites à cette intégration. Même le fait de faire de Ying Chen une porte-parole de la communauté chinoise devient une arme à double tranchant, puisque cette même communauté que l'auteure est censée représenter ne la reconnaît plus comme l'une de ses membres. Une telle situation démontre à quel point l'identité culturelle peut devenir ambiguë en contexte monoculturel, puisqu'aussitôt qu'un individu n'est pas issu de la culture dominante, il se doit d'être étiqueté. De cette façon, il demeure dans une position d'infériorité relative, puisqu'il ne peut que subir cette identité forcée.

2. La recherche d'égalité

Il existe tout de même certaines rencontres qui se déroulent de façon plus harmonieuse, comme en fait état le recueil de poésie de Michel Thérien. Les poèmes de l'auteur ne sont que rencontres, cela se voit à l'usage qu'il fait du « nous » qui n'est en fait que le mélange du « je », du « ils » et du « tu ». Cette correspondance, pour ne pas dire communion, qui s'établit entre les cultures permet d'abolir les limites entre le soi et l'autre. Le poème de Gorée, qui réfléchit sur l'esclavagisme, en est un exemple vibrant, alors que le sort des esclaves est lié à celui du poète à travers ce « nous » qui traverse les époques et les cultures : « Sa souffrance / bat en nos côtes […] nous sommes / sa voix cassée par le métal / ses tempes rebelles / son geste rauque sourd / figé dans le sel / parmi les palmes et sablons / nos destins se chevauchent / et / rampent nos solitudes / à fleur du vide[13] ». Ce poème a une double vocation :

---

13. Michel Thérien, *Du vertige et de l'espoir: Carnets africains*, Ottawa, Les Éditions David, coll. « Voix intérieures », 2007, p. 48-49.

il sert à la fois de véhicule à ce désir manifeste de dépassement des barrières identitaires, mais est aussi une condamnation du pouvoir que les blancs s'étaient donné sur les noirs au temps de la colonisation. Ainsi, si de nos jours la rencontre harmonieuse est possible, il n'en était pas de même auparavant, alors que cette rencontre se produisant dans un cadre de colonisation, s'accompagnait immanquablement d'un désir de prise de pouvoir par une culture sur une autre. On remarque également dans les poèmes de Thérien une critique de cette imposition de la culture blanche dans le paysage africain, lorsque ce dernier écrit :

> pour tout / ce qu'il y a d'imprévisible / et de splendeur / nous marchons sur le continent / avec la peur de l'ignorance blanche / et l'émerveillement du soleil / qui tranche la vérité urbaine / en des éclats de tôles tordues / miroitantes parmi les flaques / de lumière / et les bruits infernaux / des agglomérations / qui se ruent aux oreilles / de l'implacable / modernité[14].

L'usage du terme « implacable » connote très négativement cette modernité imposée. Ces observations semblent suggérer que pour que la rencontre soit réussie, il faut que la lutte pour le pouvoir en soit absente, et qu'elle s'effectue dans un esprit de curiosité, d'expérience, de nouvelles connaissances, et non pas de domination.

---

14. *Ibid.*, p. 65.

Un phénomène semblable s'observe dans le roman de Laura Esquivel et dans la nouvelle « Les deux nègres » de Gabrielle Roy. En effet, si dans ces textes, les rencontres sont au départ plutôt négatives, elles prennent un tout autre sens lorsque la notion de hiérarchie est abandonnée. Ainsi dans *The Law of Love*, la relation entre les deux cultures, symbolisées par Rodrigo et Citlali, s'amorce de façon très violente, ce qui créera un déséquilibre cosmique qu'ils devront par la suite rétablir au fil des rencontres dans leurs vies ultérieures. Ce n'est que lorsque la culture mexicaine s'est uniformisée, et que les remous culturels associés à la conquête sont bel et bien des éléments du passé, que la rencontre peut se faire sur un pied d'égalité, et donner lieu à une symbiose qui s'exprime ici dans une relation physique pulsionnelle et irrationnelle. Un changement sensiblement équivalent s'élabore dans la nouvelle « Les deux nègres » de Gabrielle Roy, bien qu'il s'exprime de façon beaucoup moins drastique. Encore une fois, dans ce texte la rencontre est placée sous le signe de la domination d'une culture par rapport à une autre, les divers cadeaux – tous de couleur blanche – faits par les logeurs à leur famille d'accueil respective en témoignent, de même que les commentaires faits par les familles sur la propreté et les qualités des logeurs, remarques pleines d'une condescendance surtout attribuable à l'ignorance. Cette relation devient une relation d'égal à égal à la fin de la nouvelle, alors que les jeunes filles blanches et les jeunes hommes noirs sont rassemblés autour du piano, et que les voix et la musique s'unissent pour créer un ensemble mélodieux, une rencontre enfin harmonieuse qui peut avoir lieu grâce à l'art.

Cette idée de l'art comme espace de communion entre les cultures revient à plusieurs reprises dans les textes à l'étude[15]. Chez la plupart des auteurs, l'art, que ce soit la musique ou l'écriture, permet la rencontre fructueuse tant recherchée parce que c'est à travers lui que les exclusions peuvent être contrôlées. Nancy Huston, dans son essai, explique qu'elle a recours à l'écriture, parce que « (l)à au moins, (s)on accent ne s'entend pas[16] ». L'écriture, l'art, est ce lieu où les différences sont aplanies, et où on a droit à l'erreur puisqu'on peut toujours biffer, corriger, retravailler nos dires sans que cela ne se sache. D'ailleurs, le chapitre que l'auteure consacre à l'écriture est le deuxième volet de celui portant sur le masque, ce qui indique sans équivoque le lien très fort que l'auteure voit entre les deux. Huston affirme également que c'est dans l'écriture que le contact avec les autres peut se faire. La littérature est, selon elle, le genre le plus humain, parce que c'est la reconnaissance de soi dans les autres, et des autres en soi[17]. Ying Chen adopte un point de vue semblable dans son essai. Écrire la met dans un état second, où elle crée sans trop savoir dans quelle langue elle écrit, et ce n'est qu'une fois les frontières langagières ainsi dépassées, qu'il est possible

---

15. Voir à ce sujet l'expérience récente de Daniel Barenboïm et Edward Said dans *Parallels and Paradoxes. Explorations in Music and Society*, New York, Vintage, 2004.
16. Nancy Huston, *op. cit.*, p. 38.
17. Nancy Huston, *op. cit.*, p. 105-106.

d'enfin rencontrer le moi en même temps que l'autre[18]. Cet état de l'écrivain devient même, pour elle, une identité à part entière : « je fais partie de cette catégorie d'individus, célèbres ou obscurs, anciens ou modernes, orientaux ou occidentaux, [...] émigrés ou natifs, hommes ou femmes, écrivains ou non – l'unique catégorie de ce monde où je consens encore à me classer[19] ». Ce statut lui semble préférable aux autres parce qu'il ne tient plus compte des différences culturelles ou identitaires responsables de l'exclusion ou de l'assimilation des minorités. Tous deviennent égaux lorsqu'ils écrivent.

Michel Thérien développe un discours semblable dans ses poèmes. Pour lui, le rôle de l'écriture est primordial, puisque c'est à travers cette écriture que peut s'effectuer la fusion des cultures. C'est grâce à ce flou entre le « je », le « tu » et le « il » que cette union peut pleinement se réaliser, et s'il est physiquement impossible de n'être qu'un, l'être de papier, lui, peut le devenir. Si dans les essais mentionnés plus haut, l'acte d'écrire est vu comme le moyen d'annihiler les différences, ici, c'est le texte lui-même qui le permet. De plus, alors que Nancy Huston et Ying Chen semblent utiliser l'écriture comme masque ultime, comme façon de cacher les différences, Michel Thérien l'utilise plutôt comme un grand bol à mélanger. C'est également ce que suggère la position d'écrivaine que Gabrielle Roy adopte pour les deux nouvelles mentionnées. Effectivement, en choisissant de placer son discours du

---

18. Ying Chen, *Quatre mille marches*, Montréal, Boréal, coll. « Papiers collés », 2004, p. 68.
19. *Ibid.*, p. 91-92.

côté des « étrangers », ce qui se détecte à l'ironie qui émane des textes, l'auteure brouille les frontières culturelles pour embrasser, le temps d'un récit, une identité qui non seulement est « autre », mais est même considérée comme étrangère. Un tel changement de perspective n'est possible que grâce à l'écriture qui abolit les différences et permet les jeux sur l'identité. Plus près du texte, nous remarquerons que dans la nouvelle « Les deux nègres » de Gabrielle Roy, l'art – ici la musique – permet de mélanger les cultures, et pas seulement de camoufler les différences.

Dans le roman de Laura Esquivel, ce lien entre art et identité « unifiée » est développé, avec toutefois une légère différence dans le traitement réservé à l'art musical. En effet, dans l'univers fictionnel élaboré par Laura Esquivel, la musique est perçue par l'État mexicain comme dangereuse, ce qui n'est pas le cas des autres textes, puisque l'art est fortement lié aux émotions, et qu'il permet aux individus de régresser pour entrer en contact avec leurs différentes identités des vies antérieures. C'est à cause de ce pouvoir que la musique est interdite ; si tous les gens y avaient accès librement, ils pourraient reprendre un certain contrôle sur leurs identités, ce qui leur conférerait un pouvoir que les dirigeants du pays ne peuvent se permettre de leur laisser. L'État dépeint par Esquivel dans son roman est très contrôlant, il se sert des avancées technologiques pour mettre au point des machines, des « aurographes », qui peuvent lire les pensées les plus secrètes des individus, et avoir accès à toutes leurs identités passées. L'interdiction de la vente de musique et la représentation d'une société soumise à un état étouffant de paranoïa apparaît comme une métaphore employée par l'auteure pour illustrer d'autres interdictions bien réelles dans la culture mexicaine actuelle, qui pourrait se diriger vers un tel avenir si elle continue sur sa lancée. Esquivel lance dans son roman une critique à l'égard de la société monoculturelle qui tente de régir les droits et libertés des gens.

3. Multiculturalisme et caméléon[20]

Si dans les textes, l'art a été présenté comme un moyen de dépasser les limites identitaires, du côté des discours sociaux-politiques et de leur impact sur les traductions culturelles, c'est plutôt la politique du multiculturalisme proposée par Pierre Elliot Trudeau qui a été vue comme une façon de reconnaître les identités culturelles. Dans sa déclaration, il stipule que

> (l)a politique du gouvernement fédéral en matière de multiculturalisme reflète la diversité culturelle et raciale de la société canadienne et reconnaît la liberté de tous ses membres de maintenir, de favoriser et de partager leur patrimoine culturel, ainsi qu'à sensibiliser la population à ce fait[21].

---

20. Au sujet du concept de caméléonage, consulter Patrick Imbert, « De l'anthropophagie au caméléonage : le mythe des pluralités », Paola Mildonian et Biagio D'Angelo (dir.), *Comparaciones en vertical: Conflictos mitológicos en las literaturas de las Américas*, Venezia, Supernova ed, 2009, p. 69-82.
21. En ligne, [http://lois-laws.justice.gc.ca/fra/lois/C-18.7/page-1.html]

C'est un concept politique qui suscite une grande ambivalence dans les discours, certains sont pour, certains sont contre, et très peu s'entendent.

Cette définition du multiculturalisme n'est pas sans rappeler l'image de la mosaïque mentionnée par Neil Bissoondath[22] ainsi que Nancy Huston. Cette dernière parle dans son essai de la « mosaïque canadienne », et souligne au passage une critique qui est commune chez les détracteurs du multiculturalisme ; ce principe ne serait, en fait, qu'une façon de se donner bonne conscience tout en se positionnant comme supérieur. Le multiculturalisme apparaît donc à ses yeux, ainsi que dans les textes de Ying Chen et de Gabrielle Roy, comme un monoculturalisme dilué, mais tout aussi peu ouvert à la coexistence des cultures. La stigmatisation dont ce texte a traité dans les sections précédentes est un exemple probant de cette fausse ouverture, mettant à jour certaines hypocrisies du système multiculturel canadien.

Nancy Huston dit également qu'« [i]l est facile d'être multiculturel quand on n'a pas de culture propre[23] », reprenant dans ses propres mots une autre critique qui a été adressée au multiculturalisme par Bissoondath. L'auteur du *Marché aux illusions*, lui-même un immigrant, reproche à l'identité canadienne d'être floue, pour ne pas dire absente aux yeux de ceux qui la vivent. Ce manque

---

22. Neil Bissoondath, *Le marché aux illusions : la méprise du multiculturalisme*, Montréal, Boréal, 1995, p. 228.
23. Nancy Huston, *op. cit.*, p. 84. Voir aussi Margaret Atwood, *Survival : A Thematic Guide to Canadian Literature*. Toronto, McClelland and Stewart, 2004.

de sentiment d'appartenance à une culture définie n'est pas sans rappeler un des postulats du monoculturalisme, dont le but est justement de remédier à cette absence. Une telle remarque renforce incontestablement le lien entre mono et multiculturalisme, et pourrait expliquer la mauvaise presse que l'on fait à ce dernier, puisque ses assises identitaires ne sont pas assez fortes pour assurer une transition en douceur. Les autres cultures se retrouvent donc à la fois (mal) assimilées et reléguées à des petites communautés qui rappellent les ghettos.

Le problème de l'identité « flottante » nous amène à nous demander s'il existe une identité première, une essence identitaire. Ce questionnement revient dans plusieurs des textes considérés, souvent pour montrer l'incongruité d'un idéal monoculturel, alors que chaque être humain est fondamentalement multiple en soi. Le texte de Nancy Huston hésite entre deux conceptions de l'identité ; si l'auteure tombe parfois du côté essentialiste, elle insiste également sur le fait que tout être humain est pluriel. Selon elle, « (n)ous sommes tous multiples, ne serait-ce que pour cette raison-là : que nous avons été enfants, puis adolescents ; ne le sommes plus ; le sommes encore[24] ». La pluralité des identités est donc un concept qui apparaît comme intrinsèque à l'être humain. Certains individus sont toutefois encore plus multiples, plus « riches » pour reprendre les mots de l'auteure. Ce sont ceux qu'elle appelle les « exilés », qui accumulent des strates d'identité, un peu à la manière des oignons qui sont

---

24. Nancy Huston, *op. cit.*, p. 19.

composés de plusieurs couches, des identités qui peuvent être complémentaires ou contradictoires, qui appartiennent à différentes cultures, et que l'on porte toutes en soi. L'ambivalence avec laquelle Huston traite de la question de l'essentialisme de l'identité est sans doute symptomatique de la politique multiculturelle dans une société où la culture n'est pas explicite et solide. Comme la définition de l'être « canadien » est imprécise et poreuse, celle de l'identité ne parvient pas à se situer, se balançant entre deux pôles pourtant opposés.

Dans l'essai de Ying Chen, qui vient d'une culture où la notion d'identité est très claire, très définie et très peu discutable, il n'y a pas d'hésitation : l'identité est multiple, contrairement à ce que les autorités tentent de faire croire à travers leurs récits de légitimation qui ont pour but de garder la population dans une certaine ignorance de l'« Extérieur ». C'est le contact avec la langue d'une autre culture qui a lui permis cette prise de conscience de la multiplicité des possibilités qui dorment en soi. L'auteure s'est aperçue que si l'humain peut maîtriser une autre langue que sa langue natale, c'est sans doute qu'il possède un peu de cette culture en lui, et donc que l'identité est ouverte, qu'elle est multiple. Elle écrit ainsi : « il devait y avoir plus d'une réalité en moi, j'étais désormais plus qu'une Chinoise. Ou bien toutes les réalités que je portais en moi n'étaient peut-être pas les miennes seulement[25] ». On retrouve donc dans ce discours la même idée que celle avancée par Nancy Huston, toutefois ici, il n'y a pas d'ambiguïté, l'humain est pluriel, quoiqu'en

25. Ying Chen, *op. cit.*, p. 22.

disent les discours sociaux. Émerge aussi de ce discours l'idée d'une possibilité de partage, de communication de ces identités puisqu'elles n'appartiennent pas uniquement à l'être qui les contient, ce qui n'est pas sans rappeler la poésie de Michel Thérien qui met en pratique, avec le « nous » étudié plus en profondeur, ce que Ying Chen a pressenti.

Cette hypothèse est également développée de façon très concrète dans *The Law of Love*, de Laura Esquivel, puisque chaque personnage porte en lui toutes les identités qu'il vit et qu'il a vécues à travers la technique et la thématique de la réincarnation. Il devient ainsi non seulement porteur d'une multiplicité d'identités physiques – les personnages peuvent avoir été homme, femme, père, mère dans leurs différentes vies – mais aussi culturelles puisque l'histoire débute pendant la conquête du Mexique autochtone par les Espagnols. Les personnages, au cours de leurs premières vies, changent donc à la fois de sexe et de culture, constituant avec ces couches de « soi » un être complet et complexe. Ces êtres multiples gardent toutefois le même nom et la même âme de vie en vie, ce sont les deux seuls éléments permanents.

L'âme semble donc être le seul élément inaltérable, où pourrait peut-être résider l'identité véritable de l'individu, alors que tout le reste n'est en fait qu'une construction des grands discours véhiculés par la société. Pour échapper à ces grands récits, quelques auteurs proposent une sorte de plongée en soi, qui permettrait de redescendre à travers les différentes couches qui composent le soi et que les différents contacts avec les cultures ont superposées, pour retrouver et fonder son identité sur le soi. Cette solution est plus particulièrement évoquée dans les textes de Ying Chen et de Laura Esquivel, où la découverte de son « soi » se fait dans l'acceptation de sa multiplicité. Ying Chen dit ainsi que c'est à force de plonger en elle-même, pendant l'acte de l'écriture, qu'elle est parvenue à reconnaître son identité propre, qui est à la fois plurielle, mais aussi particulière à elle seulement. C'est ce moyen qui lui permettra de retrouver la force de ne pas perdre son identité au profit du discours dominant imposant un attribut matronal, par exemple. Chez Esquivel, ce retour en soi est essentiel, et devient même une science qui permet de guérir certains comportements problématiques. L'importance de ces régressions est prouvée à la toute fin du roman, alors qu'un complot est mis à jour précisément grâce aux régressions des personnages, qui parviennent à retrouver la vérité en fouillant dans leurs vies antérieures.

4. Le caméléon

La position qui semble avoir été adoptée par tous les textes pour échapper aux discours dominants, sans que cela ne soit pourtant explicite, est celle du caméléon. Le caméléon est un être qui prend les couleurs des cultures qu'il fréquente, sans nécessairement avoir besoin d'en être issu[26]. Un tel rapport à l'autre semble répondre parfaitement aux problèmes soulevés dans les textes qui traitent de la rencontre des cultures, puisqu'il permet

---

26. Patrick Imbert, *op. cit.*, p. 56

d'éliminer toute notion d'échec du *faire semblant,* dont parlait Nancy Huston dans son essai, qui caractérise tout immigrant qui tente de s'implanter dans une nouvelle culture. En effet, il n'y a plus lieu de faire semblant. Cette notion du caméléon est, d'une certaine façon, l'idée du multiculturalisme poussé à son extrême, et dénué de tout désir sous-entendu d'assimilation lente. Cette figure du caméléon va de pair avec l'image de l'artiste telle qu'analysée plus haut, qui peut, grâce à l'art, abolir les différences culturelles. Plus particulièrement encore, l'écrivain est ce caméléon, puisque grâce à l'écriture, il lui est possible d'adopter la culture qui lui plaît en allant chercher certains éléments, sans avoir à craindre l'échec de son jeu théâtral de l'identité. Les auteurs du corpus assument pleinement ce rôle de caméléon et expriment le même désir de ne pas avoir à craindre la réussite ou l'échec de leur *faire semblant*, ce qui nous dirige du côté du transculturel comme rencontre permanente.

Les deux auteurs qui représentent le mieux c'est idéal du caméléon sont sans doute Michel Thérien et Gabrielle Roy, chacun à leur façon. Michel Thérien a su récupérer certains éléments de la culture africaine, qu'il a par la suite incorporés à sa culture et à son écriture, tout en effaçant autant que possible les barrières habituelles entre ces deux univers. Cela se traduit non seulement dans son usage du « nous » mentionné plus tôt, mais aussi dans l'intégration de repères culturels africains – villes, vocabulaire, rythme – à sa poésie. Pour sa part, Gabrielle Roy incarne cet idéal à sa façon, en écrivant, à une époque où le Canada était encore relativement fermé, ses deux nouvelles avec un ton ironique permettant de déduire ses dispositions favorables pour les immigrants. Elle semble donc critiquer le manque d'ouverture de la société, tout en personnifiant la figure du caméléon avant la lettre.

Ce qui est intéressant chez les auteurs considérés en lien avec la problématique, c'est qu'ils regroupent plusieurs points de vue différents, comme nous le notions en introduction, mais que tous portent néanmoins le même regard désapprobateur sur la monoculture, et même sur le multiculturalisme. Plusieurs textes s'entendent pour décrier le fait que ces concepts ne font que mettre les gens dans des cases, leur apposer des étiquettes et les forcer indirectement à se conformer, sous menace d'exclusion. Tous ces textes ont comme moteur une rencontre, que ce soit en tant qu'expérience de première main comme dans les essais, ou expérience de l'imaginaire comme dans les fictions. Plusieurs textes du corpus présentent cette rencontre de façon négative, soulignant à quel point vouloir satisfaire les attentes de la société d'accueil semble du même ordre que de vouloir se battre contre des moulins à vent. Les « exilés » sont donc confrontés à un échec presque certain, mais aussi à une certaine ouverture d'esprit dans la culture d'adoption, qui se dit plus accueillante qu'elle ne l'est dans les faits.

Cette adaptation difficile des immigrants semble symptomatique des rencontres effectuées dans le cadre d'une domination qui tente de s'ériger dans des cultures qui se disent pourtant égalitaires, puisque lorsque la rencontre est plutôt de l'ordre du voyage, elle est présentée comme étant beaucoup plus harmonieuse. Cela s'explique sans doute par le fait que dans ce genre de contact, il n'y a pas cette lutte pour le pouvoir, cet objet de désir qui oriente les discours sociaux dont sont victimes les nouveaux arrivants. Tous ces textes soulèvent également la question de l'impasse de la monoculture, qui semble vouée à l'échec en raison du fait que l'être humain, déjà, est pluriel. La solution officielle au monoculturalisme a été d'adopter le multiculturalisme. Toutefois, cette politique recrée plusieurs des inconvénients qu'elle est censée corriger. Les textes à l'étude pressentent un autre type de solution et prônent une ouverture et un échange sans discrimination avec les autres cultures, concept qui sera éventuellement théorisé comme étant la figure du caméléon. Ce caméléon est en fait l'incarnation de la théorie de la transculturalité, qui est définie par Afef Benessaieh comme étant la « capacité à vivre simultanément dans plusieurs flux culturels[27] », ce dont font preuve les auteurs à l'étude dans ce corpus.

Le concept de rencontre a été étudié plus particulièrement dans l'espace des Amériques, puisqu'elles ont été un point de convergence important des différentes cultures européennes pendant la conquête. C'est toutefois un phénomène qui pourrait également susciter d'intéressantes réflexions quand on l'analyse dans le cadre des littératures des peuples maghrébins, qui ont également vu leurs cultures, pourtant millénaires, être brimées par les colonisateurs européens[28]. Un tel examen s'avérerait particulièrement intéressant dans le cas de la littérature des enfants de couples mixtes arabes/français, qui sont

---

27. Afef Benessaieh, *op. cit.*, p. 2.
28. Voir Hédi Bouraoui, *Paris berbère*, Ottawa, Éd. du Vermillon, 2011.

donc la rencontre faite chaire de deux cultures autrement en conflit.

Bibliographie

Atwood, Margaret, *Survival: a Thematic Guide to Canadian Literature*, Toronto, Anansi, 1972, 287 p.

Bhabha, Homi K., *The Location of Culture*, New York, Routledge, 1994, 408 p.

Barenboïm, Daniel et Edward Said, *Parallels and Paradoxes. Explorations in Music and Society*, New York, Vintage, 2004, 186 p.

Benessaieh, Afef, « Introduction: Amériques transculturelles? », *Transcultural Americas / Amériques transculturelles*, Afef Benessaieh (dir.), Ottawa, Les presses de l'Université d'Ottawa, 2010, p. 1-9.

Bissoondath, Neil, *Le marché aux illusions: la méprise du multiculturalisme*, Montréal, Boréal, 1995, 242 p.

Bouraoui, Hédi, *Paris berbère*, Ottawa, Éd. du Vermillon, 2011, 288 p.

Chen, Ying, *Quatre mille marches*, Montréal, Boréal, coll. « Papiers collés », 2004, 126 p.

Esquivel, Laura, *The Law of Love*, Margaret Sayers Peden (trad.), New York, Crown Publisher, 1996, 266 p.

Huston, Nancy, *Nord perdu: suivi de Douze France*, Montréal, Leméac, coll. « Babel », 1999, 130 p.

Imbert, Patrick, « Transculturalité et Amériques », *Transcultural Americas / Amériques transculturelles*, Afef Benessaieh (dir.), Ottawa, Les presses de l'Université d'Ottawa, 2010, p. 39-68.

——, « De l'anthropophagie au caméléonage : le mythe des pluralités », Paola Mildonian et Biagio D'Angelo (dir.), *Comparaciones en vertical : Conflictos mitológicos en las literaturas de las Américas*, Venezia, Supernova ed, 2009, p. 69-82.

——, « Violence, mimésis d'appropriation et construction de l'extérieur », *Voix plurielles*, vol. 3, n° 2, septembre 2006, en ligne : http://www.brocku.ca/brockreview/index.php/voixplurielles/article/view/509/484

KRAMER, Erik (dir.), *The Emerging Monoculture : Assimilation and the "Model Minority"*, London, Praeger, 2003, 332 p.

KYMLICKA, Will, *Multicultural Odysseys : Navigating the New International Politics of Diversity*, New York, Oxford University Press, 2007, 374 p.

ROY, Gabrielle, « Les deux nègres », *Rue Deschambault*, Montréal, Boréal, coll. « Boréal compact », 1993 [1972], 265 p.

——, « Où iras-tu Sam Lee Wong? », *Un jardin au bout du monde*, Montréal, Boréal, coll. « Boréal compact », 1994 [1975], 178 p.

THÉRIEN, Michel A., *Du vertige et de l'espoir : Carnets africains*, Ottawa, Les Éditions David, coll. « Voix intérieures », 2007, 91 p.

Loi sur le multiculturalisme canadien, en ligne, http://lois-laws.justice.gc.ca/fra/lois/C-18.7/page-1.html

Bio-bibliographie

Catherine Skidds est originaire de la ville de Chambly, sur la Rive-Sud de Montréal. Après avoir obtenu un baccalauréat en littératures de langue française de l'Université de Montréal, elle poursuit ses études à l'Université d'Ottawa, où elle est inscrite à la maîtrise. Catherine s'intéresse à la littérature de l'extrême contemporain, à la question des genres sexués en littérature, aux tabous et à leur transgression. Elle travaille présentement à la rédaction de sa thèse qui étudie les personnages subversifs dans les romans *Baise-moi* et *Apocalypse Bébé* de l'auteure française Virginie Despentes.

Courriel : catherine.skidds@gmail.com

Rencontre des altérités dans les Amériques

Catherine Coughlan
Université d'Ottawa

Résumé

Ce texte analyse le phénomène des diverses rencontres des altérités dans les Amériques, à travers une variété de médias, dans le mouvement des littératures migrantes ainsi que dans celui des littératures mondialisées. En abolissant la dualité entre barbarie et civilisation établie par Domingo F. Sarmiento dans son ouvrage *Facundo*, on s'intéressera à l'inversion, à la transformation ainsi qu'à la fusion de ces concepts prenant forme dans la rencontre des altérités. À travers une étude de l'énonciation, de l'axe dichotomique propreté et saleté, de la description des personnages et de la dimension spatiale, phénomènes à la fois discursifs et sémantiques, on cherchera à saisir l'hétérogénéité du contexte fictionnel et réel des Amériques, qui prendrait la forme du caméléon.

Introduction

A BORDER LE PHÉNOMÈNE de l'altérité selon différents types de focalisations dans divers médias tels que la poésie, la nouvelle et le roman est particulièrement significatif dans les discours de la société des savoirs. En effet, une variété d'œuvres permet une analyse ainsi qu'une réflexion plus dynamique et plus complète de la problématique. Le corpus analysé s'inscrit dans le mouvement des littératures migrantes ainsi que dans celui des littératures mondialisées. La littérature migrante, appelée également littérature ethnique, englobe les littératures venues d'ailleurs, donc « étrangères ». Ce sont généralement des littératures qui insistent sur le mouvement, la dérive et l'expérience de l'exil : « Les écritures [migrantes] forment un micro-corpus d'œuvres littéraires produites par des sujets migrants se réappropriant l'Ici, inscrivant la fiction – encore habitée par la mémoire originelle – dans le spatiotemporel de l'Ici[1] ». La littérature mondialisée, quant à elle, est une littérature qui s'exporte. Il y a donc réunions et échanges dans les mouvements littéraires venant modifier et transformer les cartographies des littératures bien établies. Il y a ainsi ce jeu constant de tensions créées entre le centre et les périphéries, pénétrant alors un processus d'interdépendance entre les différentes cultures.

---

1. Robert Berrouët-Oriol et Robert Fournier, « L'émergence des écritures migrantes et métisses au Québec », *Québec Studies*, n° 14, 1992, p. 12.

Le corpus analysé est composé de deux nouvelles de Gabrielle Roy, soit « Les deux Nègres », nouvelle qui se retrouve dans *Rue Deschambault* et « Où iras-tu Sam Lee Wong? », nouvelle faisant partie du recueil *Un jardin au bout du monde*. Ces deux nouvelles illustrent l'altérité d'un point de vue extérieur, car on y présente l'étranger selon une focalisation qui n'est pas la sienne. Le corpus comprend également *Comment faire l'amour avec un Nègre sans se fatiguer* de Dany Laferrière et *Trilogie sale de La Havane* de Pedro Juan Gutiérrez. Ces deux œuvres, quant à elles, illustrent l'altérité d'un point de vue intérieur, car on y présente l'étranger selon une focalisation interne. On retrouvera également le recueil de poésie *Du vertige et de l'espoir, Carnets africains* de Michel A. Thérien ainsi que la nouvelle « Les aurores montréales » provenant du recueil du même nom de Monique Proulx.

L'altérité, terme très complexe dans l'élaboration de sa signification, est avant tout définie comme étant le caractère de ce qui est autre et ce caractère doit toujours s'établir dans un rapport à l'autre. Il s'agit donc d'un rapprochement de différents éléments dichotomiques (dichotomiques puisqu'il y a reconnaissance de l'autre dans sa différence, c'est-à-dire une conscience de la relation aux autres en tant qu'ils sont différents) et la transformation résultante de la créolisation entre ces éléments. Le concept de créolisation, développé par Édouard Glissant ajoute l'imprévisibilité au métissage. L'homme se réalise, car les images de son soi et de l'autre sont composées de multiples discours qui, continuellement, provoquent des tensions, des inversions ou bien des fusions entre ces images : c'est le résultat de la rencontre de l'altérité.

Bref, l'altérité est l'entité en contraste avec laquelle une identité est construite, ce qui implique une distinction entre le soi et le non-soi, le Même et l'Autre. Même s'il peut exister des rapprochements entre les deux termes, il existe également des distinctions fondamentales à établir afin de saisir pleinement la problématique du phénomène qu'est l'altérité : « La notion de différence est essentielle au fonctionnement du système cognitif. Elle permet de constituer des unités signifiantes comme jour/nuit, homme/femme, froid/chaud, etc.[2] ». La plus grande distinction entre altérité et différence se situe au niveau de la notion de groupes de référence, notion développée par Landowski. En effet, « le groupe de référence, habituellement le groupe dominant, fixe l'inventaire des traits différentiels qui serviront à construire les "figures de l'Autre"[3] ». L'altérité implique donc la présence d'un groupe de référence dans une perspective relationnelle avec la figure de l'Autre. Ainsi, il est important de comprendre que l'enjeu, la problématique, ne se situent pas dans l'optique de la différence, mais bien dans celle de l'altérité puisque c'est au sein de cette dernière que s'établit une relation entre les différences.

---

2. Janet M. Paterson, *Figures de l'autre dans le roman québécois*, Québec, Éditions Nota bene, 2004, p. 25.
3. *Ibidem*.

1. Barbarie et civilisation, la mise à mort de la dualité

La réflexion au sujet de l'altérité sera articulée autour du paradigme barbarie/civilisation afin de permettre une analyse plus approfondie de la problématique puisque « toute altérité est relationnelle, variable, mouvante et susceptible de modifications : n'importe quel personnage peut se voir attribuer un statut d'altérité dans un contexte particulier[4] ». Ainsi, chacune des œuvres du corpus illustre à sa façon la relation entre les notions de barbarie et de civilisation que l'on retrouve à divers degrés dans la rencontre de l'altérité, que ce soit un choix formel ou sémantique. Il ne s'agit pas de répertorier l'altérité selon la thématique barbarie/civilisation ni même de développer une typologie de la figure de l'Autre, mais bien de mettre en relation les œuvres afin d'établir une réflexion critique autour du personnage de l'Autre. On s'intéressera donc à la représentation et à la construction du personnage de l'Autre, l'autre fictif, dans le discours romanesque et poétique. On portera une attention particulière aux diverses stratégies narratives et discursives de la mise en discours de la figure de l'Autre en réfléchissant à l'énonciation (Qui dit l'altérité ?), la description des personnages et la dimension spatiale dans les six œuvres analysées. Cette analyse se fera évidemment dans un rapport de relation entre l'Autre et le groupe de référence, car l'altérité est avant tout un concept relationnel. Bien plus que de saisir la représentation de

---

4. *Ibid.*, p. 12.

l'Autre, il est nécessaire d'articuler une réflexion autour de la **puissance d'altération** de l'étranger sur le groupe de référence et vice versa. La rencontre entre les éléments de différence, si minés par le stéréotype, devient un métissage comme résultat d'altération. Toutefois, si les éléments de différence s'inscrivent dans le hasard, ils deviennent donc une créolisation.

Dans son œuvre *Facundo*, Domingo F. Sarmiento réfléchit au paradigme dichotomique entre la civilisation et la barbarie. Pour l'écrivain, l'Europe, l'Amérique du Nord et les villes représentent la civilisation tandis que l'Amérique latine, l'Espagne, l'Asie, le Proche-Orient et la campagne représentent la barbarie. Toujours selon Sarmiento, l'opposition entre civilisation et barbarie illustre un conflit majeur dans l'Amérique latine. Dans le premier chapitre « Aspect physique de la République Argentine. Caractères, habitudes et idées qui en découlent », on y fait la description géographique de l'Argentine. Cette description géographique sert entre autres à comparer la ville et la campagne selon les termes barbarie et civilisation. La ville est le lieu civilisé, car les fleuves permettent à la ville d'être en communication avec le reste du monde. Coupées du monde, les zones rurales sont laissées à la barbarie : « La vie primitive des peuples, la vie éminemment barbare et stationnaire, la vie d'Abraham qui est celle du bédouin d'aujourd'hui, se montre dans les campagnes argentines, encore qu'étrangement modifiée par la civilisation[5] ». Dans ce

---

5. Domingo F. Sarmiento, *Facundo*, Paris, Institut international de coopération intellectuelle, 1934, p. 41.

premier chapitre, l'écrivain fait diverses comparaisons entre ce qu'il nomme civilisation et barbarie. Pour Sarmiento, la barbarie s'illustre le mieux sous les traits du gaucho et la civilisation sous les traits de l'homme de la ville comparativement au Canada français qui considérait le village comme la civilisation et la ville comme le barbare comme en témoigne le roman *La Terre paternelle* de Patrice Lacombe[6].

Mais ce paradigme barbarie/civilisation fondement de mythes voués à l'exclusion a été remis en question en 1929 par le penseur brésilien Oswald de Andrade dans son *Manifeste anthropophage*. L'écrivain brésilien s'intéresse à l'ingestion symbolique, processus à la fois esthétique et éthique, du colonisateur et de sa culture par le colonisé. En « mangeant » la modernité européenne, plutôt que de la plagier et de rejeter les autres cultures dites barbares des Amériques, le colonisé assimile la culture dominatrice.

Dès lors, les auteurs postodernes/postcoloniaux joueront avec ces notions barbarie/civilisation et anthropophagie pour les recontextualiser notamment dans l'image ironique du noir cannibale. Laferrière et Gutiérrez se sont amusés avec ce mythe plutôt loufoque en créant des situations romanesques dans le plus pur « humour noir ». Pedro Juan raconte dans son journal que le 7 septembre est la veille de la fête de la Caridad del Cobre, protectrice de Cuba. Il y a donc de nombreux Noirs qui

---

6. Le roman paru en 1871 valorise en effet le retour à la terre et prône les valeurs du passé. De plus, il est considéré comme étant le premier roman du terroir.

fêtent dans la ville et cela inquiète les Cubains blancs :
« À les écouter vibrer dans toute la ville, ça me rappelle
ces films d'explorateurs au Congo : "Hé, on est entourés
par les cannibales!" Mais non : les Noirs fêtent la Vierge,
c'est tout. Fiesta de nègres. Rien à craindre[7] ». À la toute
fin du roman, Pedro Juan raconte une anecdote plutôt
troublante qui lui est arrivée. Son ami lui offre en cadeau
des foies de porc et Pedro Juan les mange avec sa copine.
Peu de temps après, son ami se fait arrêter par la police,
car il s'avère que les foies étaient en fait ceux d'humains.
Isabel, la copine de Pedro, est complètement écœurée
tandis que Pedro Juan rit de la situation : « c'est déjà
bouffé, digéré et cagué! Oublie ça. En plus, tu t'es régalée.
Il était fameux, ce foie[8] ». Gutiérrez a donc créé un
renversement comique des mythes fondateurs en faisant
manger le foie humain à son personnage cubain blanc.
Ce mythe du Noir cannibale se retrouve également dans
le roman de Laferrière. Vieux n'arrête pas de dire qu'il
pourrait faire croire à Miz Littérature ou bien à Miz Chat
qu'il mange de la chair humaine et les Anglaises
croiraient tout ce qu'il leur dit : « Je peux lui dire que je
mange de la chair humaine, que quelque part dans mon
code génétique se trouve inscrit ce désir de manger de la
chair blanche […] je peux lui dire ça et elle comprendra[9] ».

À un autre niveau, Laferrière fait écho au mythe du
Noir cannibale à travers la baise que Vieux a avec Miz
Littérature : « Ce n'est plus une de ces baises innocentes,

---

7. Pedro Juan Gutiérrez, *op. cit.*, p. 250.
8. *Ibid.*, p. 402.
9. Dany Laferrière, *op. cit.*, p. 31.

naïves, végétariennes, dont elle a l'habitude. C'est une baise carnivore[10] ». Le duo sexuel Noir et Blanche est peut-être aussi tabou et dérangeant, car il fait directement intervenir cette idée du primitif, du cannibalisme symbolique caché dans ce duo explosif.

2. Le « Nous » bourreau, entre inclusion et exclusion

Aussi importe-t-il de mettre en relation la figure de l'Autre avec le groupe de référence. Que ce soit le groupe de référence ou bien la figure de l'Autre, chacun trace une certaine typologie des traits différentiels qui se distinguent ou s'éloignent de son groupe d'appartenance. Or, l'inventaire des traits différentiels va former l'altérité d'un personnage. C'est pour cette raison que l'altérité d'un personnage fictif est en majeure partie déterminée par l'énonciation du texte littéraire. Pour bien saisir la problématique de l'altérité, il est nécessaire de distinguer l'énoncé de l'énonçant afin de répondre à la question « Qui dit l'altérité ? » et donc qui a le pouvoir de définir. Citant Simon Harel, Paterson souligne qu'il y a deux catégories de récits : « celui où il y a mise à distance de l'Autre (une voix narrative le perçoit, le définit et le raconte comme dans le cas de la majorité des romans publiés au Québec avant les années 1960), celui où l'Autre est le sujet énonçant (c'est le cas de beaucoup de récits migrants contemporains[11] ». La mise en discours du « nous »

---

10. *Ibid.*, p. 50.
11. Janet M. Paterson, *op. cit.*, p. 29.

littéraire a certes évolué. Il ne suffit pas de donner comme exemple le roman *Angéline de Montbrun* de Laure Conan. Sous la plume d'une fervente nationaliste se déroule bien plus qu'une histoire d'un grand déchirement entre l'amour filial, l'amour conjugal et l'amour du Dieu prenant vie dans le paysage de Charlevoix. Laure Conan est l'une des premières voix féminines des lettres canadiennes-françaises. Son roman met en scène la voix d'une jeune femme qui se proclame du « nous », groupe de référence faisant allusion aux Canadiens français « pure laine » qui excluent toute altérité « afin de préserver l'honneur et l'intégrité de son peuple[12] ». L'écrivaine Laure Conan fait partie d'une société en état de crise : « Si le père représente le Québec traditionnel, fidèle à ses origines dans la France catholique et monarchiste, le Québec "pur et dur", c'est un pays qui est manifestement voué à la mort, comme Angéline a été vouée à la Vierge[13] ». On peut se poser la question à savoir si Laure Conan par l'entremise de son personnage féminin fictif n'intérioriserait-elle pas la symbolique du discours masculin officiel nationaliste de l'époque. À défaut de posséder sa propre voix, elle emprunte donc celle d'une société patriarcale. La véritable menace proviendrait donc non pas de l'extérieur du pays, mais bien de l'intérieur par l'entremise de ce discours masculin officiel qui se

---

12. Maïr Verthuy, « Femmes et patrie dans l'œuvre romanesque de Laure Conan », E.D. Blodgett et Claudine Potvin (dir.), *Relire* Angéline de Montbrun *au tournant du siècle*, Québec, Éditions Nota bene, 2006, p. 252.
13. *Ibid.*, p. 255.

construit comme étant de plus en plus arbitraire et ignoble[14].

2.1 Le grand tribunal du « Nous », verdict stéréotypé de barbarie et civilisation

Afin de bien saisir toutes les nuances du rôle du paradigme barbarie/civilisation dans la problématique de l'altérité, il est nécessaire d'analyser l'énonciation de l'altérité dans les six œuvres choisies pour bien comprendre qui dit la différence, qui est l'énonçant de l'altérité. Or, l'altérité s'articule tout autour d'un discours stéréotypé : « le visage que l'on prête à autrui est souvent régi par le stéréotype. Ce mécanisme d'anamorphose ou de déformation brouille l'image de l'autre qui devient ainsi un lieu de recyclage de la parole du même. On peut nommer ce mécanisme d'anamorphose "poubellisation de l'autre"[15] ». Le stéréotype a donc la double fonction d'agir comme une barrière contre la rencontre de l'altérité et d'être un miroir déformant qui projette une image de l'autre teintée de fausseté. Dans le roman de Laferrière, Vieux, narrateur écrivain noir, énonce sa différence face au groupe de référence qui est constitué des Blancs et plus particulièrement des Blanches anglaises. Le texte présente une véritable inversion des rapports de barbarie et civilisation, car Vieux représente la civilisation et Miz Littérature, l'étudiante anglaise, représente la barbarie.

---

14. *Ibid.*, p. 259.
15. Daniel Castillo Durante, *Les dépouilles de l'altérité*, Montréal, XYZ éditeur, 2004, p. 26.

Laferrière ouvre son roman avec la mention du code noir[16] et construit son texte autour de deux grands interdits de ce code, soit l'interdiction du Noir d'entretenir des relations sexuelles avec le Blanc et l'interdiction du Noir d'apprendre à lire et à écrire[17]. Vieux est un véritable intellectuel et ses connaissances littéraires et culturelles envahissent le texte. La scène où Vieux entre pour la première fois dans la chambre de Miz Littérature reflète bien cette idée du Noir intellectuel. Il entre dans la chambre de l'Anglaise et les murs affichent des références culturelles qu'il ne connaît que trop bien : « Un beau Bruegel. Un Utamaro près de la fenêtre. Un splendide Piranèse, deux estampes d'Hokusai, et dans le coin de la bibliothèque […] un précieux Holbein[18] ». Il arrive même que Vieux instruise son lecteur en précisant le nom d'une photographie quelconque ou bien d'une plante tropicale et en précisant entre parenthèses de quoi il s'agit réellement. Miz Littérature, quant à elle, quoique provenant d'une grande Université, est une femme complètement crédule qui croirait tout ce que lui dirait Vieux même s'il s'agissait de quelque chose de complètement irrationnel : « Tu t'imagines, elle étudie à McGill (une vénérable institution où la bourgeoisie place ses enfants pour leur apprendre la clarté, l'analyse et le

16. Jean-Baptiste Colbert, *Code noir ou recueil d'édits, déclarations et arrêts concernant les esclaves nègres de l'Amérique*, Paris, Chez les libraires associés, 1685.

17. Joël Des Rosiers, *Théories caraïbes : Poétique du déracinement*, Montréal, Triptyque, 2009, p. 153.

18. Dany Laferrière, *Comment faire l'amour avec un Nègre sans se fatiguer*, Montréal, Éditions TYPO, 2011, p. 102.

doute scientifique) et le premier Nègre qui lui raconte la première histoire à dormir debout la baise[19] ». En plus, d'avoir les rapports de forces intellectuels renversés dans la représentation du Noir et de la Blanche, Vieux se fait carrément servir par Miz Littérature, sorte de fantasme de l'esclave, car ce qu'elle fait pour lui, elle n'en ferait même pas la moitié pour un homme blanc. L'écriture de Laferrière est envahie par le stéréotype afin de dénoncer par la provocation les discours réducteurs et complètement déformants du Noir :

> ce texte de fiction montre ce que l'autre peut faire au niveau du discours pour prendre du recul face aux représentations hégémoniques. *Comment faire l'amour avec un Nègre sans se fatiguer* tend un miroir ludique sur lequel peut se lire la question « c'est donc comme ça que tu me vois ?[20] »

Au bureau de poste, Vieux drague innocemment une femme et les gens voient tout de suite la scène comme une agression du Noir sur la Blanche. Un homme du type syndicaliste vient à la défense de Vieux affirmant que la drague est complètement dégradante pour la femme, mais que ce n'est rien en comparaison avec la traite des Noirs. Il s'agit d'un argument complètement absurde fortement marqué par cette création d'une sorte de mythologie victimaire du Noir qui rappelle le concept de bouc émissaire tel qu'il est développé par René Girard dans *Des*

---

19. *Ibid.*, p. 31.
20. Daniel Castillo Durante, *op. cit.*, p. 70.

choses cachées depuis la fondation du monde. Quoique Vieux soit un intellectuel, il souhaite à tout prix devenir Blanc, s'émanciper de cet ostracisme. Vouloir les Amériques dans leur entièreté n'est-ce pas se placer à la fois dans une perspective conflictuelle et complémentaire du bourreau et du bouc émissaire ? Vieux cherche peut-être ainsi à se mettre en marge d'un système de pouvoir tel qu'élaboré par Girard :

> Qui pourrait comprendre le déchirement du Nègre qui veut à tout prix devenir Blanc sans couper ses racines ? Connaissez-vous un Blanc qui désire, ainsi, de but en blanc, devenir Nègre ? Peut-être y en a-t-il, mais c'est à cause du rythme, de la blancheur des dents, du bronzage éternel, du fun noir, du rire aigu. Je parle d'un Blanc qui voudrait être Noir juste comme ça. Moi, je voudrais être Blanc[21].

Lorsque Vieux se fait interviewer par Miz Bombardier pour son roman *Paradis du dragueur nègre* (qui est en fait une mise en abîme de *Comment faire l'amour avec un Nègre*) dans son émission Noir sur Blanc (une autre domination du Noir !), l'écrivain affirme que son roman ne comporte que des types, ni hommes ni femmes que des Nègres et des Blanches, qui pour reprendre les mots de Chester Himes, dit que ce ne sont que des inventions des Amériques. On évacue les individus pour créer des espèces. Ce passage fait directement écho au dernier chapitre « On ne naît pas Nègre, on le devient » et

---

21. Dany Laferrière, *op. cit.*, p. 78-79.

entretient également un rapport d'intertextualité avec la célèbre phrase de Simone de Beauvoir « On ne naît pas femme, on le devient[22] » ainsi que celle de Régine Robin « On ne devient pas Québécois[23] ».

On peut faire de nombreux rapprochements entre le roman de l'écrivain haïtien et celui de Gutiérrez. Les deux écrivains s'attaquent au grand stéréotype du Nègre grand baiseur. Vieux explique cette gradation dans l'échelle des valeurs de la sexualité occidentale : « la Blanche est inférieure au Blanc et supérieure au Nègre. C'est pourquoi elle n'est capable de prendre véritablement son pied qu'avec le Nègre. […] La Blanche doit faire jouir le Blanc, et le Nègre, la Blanche[24] ». Toute relation sexuelle est donc inégale. Toutefois, c'est dans la sexualité qu'il peut, parfois, y avoir une véritable communication non verbale ainsi qu'une sorte de brouillage des identités qui dans l'acte sexuel créé une créolisation :

> La séduction constitue probablement l'une des caractéristiques les plus importantes de l'altérité. C'est à travers elle que s'exprime le divers. Le sujet occidental a toujours été fasciné et repoussé à la fois par cette séduction qu'il perçoit souvent comme une menace à l'intégrité de son moi. Le divers est craint parce qu'il peut donner lieu à une effraction[25].

22. Simone De Beauvoir, *Le Deuxième Sexe*, Paris, Gallimard, 1950, p. 13.
23. Régine Robin, *La Québécoite*, Montréal, Typo, 1993.
24. Dany Laferrière, *op. cit.*, p. 48.
25. Daniel Castillo Durante, *op. cit.*, p. 81.

Ainsi, Vieux souhaite baiser l'identité de l'Anglaise pour qu'il y ait en quelque sorte abolition des types définis par la culture occidentale : « Je veux baiser son identité. Pousser le débat racial jusque dans ses entrailles. Es-tu un Nègre ? Es-tu une Blanche ?[26] » Ce rôle des couleurs dans la sexualité se retrouve aussi chez l'écrivain cubain. *Trilogie sale de La Havane* présente le narrateur Pedro Juan, Cubain blanc qui se dit de plus en plus Noir à force de vivre dans un immeuble plein à craquer de Noirs. Pedro Juan fait l'éloge du corps des Noirs ainsi que de leur performance sexuelle due en partie à la grosseur de leur « pine de Nègre[27] ». Bien conscient de ne pas être en mesure de rivaliser avec eux, il s'adonne tout de même à diverses expériences sexuelles avec des Blanches, des Noires et des Métisses. Cette échelle des valeurs sexuelles se retrouve également dans ce roman : « Elle avait un faible pour les Noirs bien noirs, parce qu'ils la faisaient se sentir supérieure. [...] et c'était son critère pour tout, son principe : les plus noirs en bas, les plus clairs en haut[28] ». L'échelle des valeurs de la sexualité se complexifie toutefois chez Gutiérrez, car il ajoute une autre altérité, l'homosexuel. Ainsi, on retrouve cette scène où Pedro Juan se fait raconter par un homme noir comment, dans un bar de danseurs, il parvenait à éjaculer sur des homosexuels en regardant un couple blanc baiser derrière les rideaux. Cet exemple illustre une dégradation où l'homosexuel n'a

---

26. Dany Laferrière, *op. cit.*, p. 81.
27. Pedro Juan Gutiérrez, *Trilogie sale de La Havane*, Paris, Éditions Albin Michel, 2009, p. 27.
28. *Ibid.*, p. 55.

sa place qu'au bas de l'échelle sexuelle, donc sociale. Le fantasme le plus explosif demeure tout de même celui du Noir baisant la Blanche : « Elle a feuilleté la revue. À chaque page, des photos en couleurs de Noirs bien membrés en train d'enfiler des Norvégiennes blondes[29] ».

Toutefois, cette hiérarchie est inversée lorsqu'il est question des préférences des touristes, qui eux, recherchent la dimension tropicale, exotique, d'une relation sexuelle. Le touriste est donc stimulé par cette symbolique de la différence dans l'archétype de l'amant tropical : « Le mot grec *exôtikos* désigne une notion d'étranger dont la différence est irréductible [...] L'exotique étant par définition celui qui se situe en dehors du système de représentation du même[30] ». La dimension paradoxale de l'exotisme est également très présente dans le rapport que les touristes entretiennent avec le pays :

> L'immeuble date de 1936, à sa bonne époque il se voulait à l'image des grosses bâtisses de Boston ou de Philadelphie, avec leur façade de banques solides et fiables. En réalité, il n'a gardé que ça, la façade, et les touristes s'émerveillent devant et la prennent en photo, et elle apparaît aussi dans les revues de voyage, surtout sous un ciel d'orage [...] Seulement à l'intérieur, c'est une ruine, un labyrinthe insensé de bouts d'escaliers sans balustrades et de pénombre qui sent le vieux, les cafards et la merde fraîche[31].

---

29. Pedro Juan Gutiérrez, *op. cit.*, p. 225.
30. Daniel Castillo Durante, *op. cit.*, p. 25.
31. Pedro Juan Gutiérrez, *op. cit.*, p. 99.

De plus, Pedro Juan énonce sa différence dans une mosaïque d'altérité. On retrouve donc cette gradation des couleurs partant du plus civilisé jusqu'au plus barbare : les Blancs très blancs, les Cubains blancs, les Métis, les Noirs et les Noirs très noirs. On retrouve dans le texte de Gutiérrez de nombreuses expressions sur la couleur noire telles que broyer du noir, noir de monde, misère noire, suceuse de négros et négresse de merde. Il s'agit d'un choix stylistique qui présente la couleur comme étant négative et défavorable : « Lorsqu'on étudie le phénomène du stéréotype, il est frappant de constater qu'il introduit une logique de nécrose au sein même du langage. Les redites, les métaphores mortes ou lexicalisées, les clichés, les proverbes, les lieux communs, etc., ne constituent que la pointe de l'iceberg[32] ». Pedro Juan fait toutefois cet éloge de l'inégalité qui est en fait celle de la diversité : « savoir goûter la diversité, accepter que nous ne sommes pas tous égaux et que dans le cas contraire ce serait affreusement lassant[33] ». Pedro Juan articule tout un discours sur la valorisation du métissage, qui selon lui représente une solution à l'Histoire : « D'après eux, c'est pour "améliorer la race". Et là, ils sont dans le vrai : sous tous rapports, les métis sont bien mieux que les Noirs ou les Blancs purs. C'est une bonne affaire, le métissage[34] ». Ce passage fait inversement écho à certaines pratiques de l'eugénisme tel qu'employé par le parti nazi et renvoie directement au concept d'une nouvelle race sur le continent américain tel

---

32. Daniel Castillo Durante, *op. cit.*, p. 43.
33. Pedro Juan Gutiérrez, *op. cit.*, p. 17.
34. *Ibid.*, p. 168.

que développé par José Vasconcelos dans *La Raza Cósmica*. Ce concept darwiniste fait donc l'éloge d'une mosaïque raciale, c'est-à-dire une agglomération culturelle, qui passerait d'une race homogène à une race hétérogène. L'idée de la gradation des couleurs se retrouve aussi dans l'écriture de Laferrière. Vieux affirme qu'avant la popularité de la négritude, c'était les Rouges au pouvoir et puis une fois la popularité des Noirs en décroissance, les Jaunes ont pris la place : « Rouge, Noir, Jaune. Noir, Jaune, Rouge. Jaune, Rouge, Noir. La roue du temps occidental[35] ».

Si chez Laferrière on retrouve une inversion du rapport barbarie et civilisation et chez Gutiérrez, on y présente ce rapport dans une gradation de mosaïque des couleurs, dans « Les aurores montréales » et « Où iras-tu Sam Lee Wong », on présente ce rapport dans un renversement final. Dans la nouvelle de Monique Proulx, la voix narrative nous présente Laurel qui est confronté à l'altérité par les immigrants de Montréal qu'il nomme les Envahisseurs. Laurel, qui se croit civilisé et considère les Envahisseurs comme des barbares, saisit à la fin de la nouvelle qu'il était en fait lui-même le barbare et eux les civilisés. Il réalise ce renversement des rôles lorsqu'il croit que Soufflaki, son voisin immigrant, veut lui casser la gueule et qu'en fait il ne voulait que lui souhaiter la bienvenue à Montréal. L'inversion se retrouve également dans le fait que Soufflaki se lie d'appartenance à un lieu étranger alors que Laurel se sent « exilé » dans son propre pays. Au début du texte, on retrouve un écho de ce renversement lorsque Laurel,

---

35. Dany Laferrière, *op. cit.*, p. 20.

croyant que le pâtissier fait un geste de fanatique, l'interrompt méchamment et réalise honteusement qu'il ne s'agit que d'un geste de pâtissier : « "Puis-je savoir ce que vous lui dites, au juste?…" Le petit Syrien se redresse, aimable et interrogatif, les mains toujours en cône, et tout à coup Laurel comprend. Il ne s'agit pas d'un geste de fanatique, mais d'un geste de commerçant[36] ».

Dans la nouvelle de Gabrielle Roy, une voix narrative présente Sam Lee Wong comme altérité d'une petite communauté minoritaire francophone. Le Chinois aurait bien aimé apprendre à parler français si on le lui avait montré, mais les gens d'Horizon lui parlent comme s'il était déficient. Alors, il essaie de se faire comprendre par les expressions faciales :

> Or ce sourire allait maintenant devenir une partie de Sam Lee Wong et paraître à tout propos sur son visage triste. En lieu et place de langage? Parce qu'il ne savait autrement se faire comprendre? Quoi qu'il en soit, cet immense sourire du Chinois mélancolique ne devait étonner personne ici. C'est plutôt d'un Chinois n'ayant pas toujours le sourire que l'on eût été choqué[37].

---

36. Monique Proulx, « Les aurores montréales », *Les Aurores montréales*, Montréal, Les Éditions du Boréal, 2005, p. 161.
37. Gabrielle Roy, « Où iras-tu Sam Lee Wong ? », *Un jardin au bout du monde*, Montréal, Les Éditions du Boréal, 2009, p. 56.

Par politesse, Sam Lee leur répond sur le même ton même si personne ne le nomme par son nom. On lui attribue toutes sortes de surnoms tels que « le chink » ou bien « Charlie ». On lui refuse donc en quelque sorte une véritable identité. Il y a renversement du paradigme barbarie/civilisation à la fin de la nouvelle, car le lecteur comprend que Sam Lee avait une grande intelligence sociale et pouvait lire les gens d'Horizon : « Parfois, on pouvait avoir l'impression qu'il était celui d'entre eux devant qui on se gênait le moins et que, par conséquent, mieux que personne au monde il les connaissait à fond[38] ». Ce renversement ne se retrouve pas dans les propos de Sam Lee Wong, mais plutôt dans la voix narrative. En effet, par certains commentaires et même dans le ton narratif, on peut sentir que la narratrice place volontairement Sam Lee Wong dans la position du civilisé et le village dans la position du barbare. Cette optique de l'altérité qui comprend mieux l'intelligence sociale que le groupe de référence est présente aussi dans « Les aurores montréales » :

> C'est cela que Laurel épie sur leurs visages, ce passage abrupt de l'espièglerie à la vigilance, ce masque qui en recouvre un autre sans jamais laisser voir les traits véritables. Peut-être est-il pour eux une énigme, lui aussi. Mais peut-être au contraire l'ont-ils immédiatement percé à jour, lui ainsi que tous les clients balourds[39].

---

38. *Ibid.*, p. 68.
39. Monique Proulx, *op. cit.*, p. 167.

Cependant, les gens d'Horizon y compris Smouillya, l'ami de Sam Lee, échouent lamentablement dans la communication sociale. Croyant que Sam Lee souhaite prendre sa retraite et retourner dans son pays et ne s'imaginant pas une seconde qu'il puisse être en difficulté financière, les gens d'Horizon lui organisent une petite fête d'adieu. Cette fête a une dimension narcissique, car elle sert entre autres à rappeler aux habitants le bon vieux temps d'Horizon. Après lui avoir offert une montre en or, cadeau inutile, mais lourd de symbolique car elle représente la civilisation et le progrès, Sam Lee quitte le village. Toute la dynamique de ce rapport inversé se situe au niveau de l'échec de communication, échec que l'on retrouve aussi chez Laferrière. Vieux ne comprend pas la réaction de Miz Sophisticated Lady lorsqu'il s'abaisse en affirmant que manger un bol de riz est parfois préférable aux mystères de l'amour. L'Anglaise part de chez lui indignée alors que ce serait à Vieux de l'être. Pour Vieux, cette situation cache quelque chose d'encore plus profond : « Elle part, et plus je réfléchis, plus j'ai tendance à croire qu'il s'agit moins d'une affaire de riz que d'un vieux malentendu historique, irréparable, complet, définitif, un malentendu de race, de caste, de classe, de sexe, de peuple et de religion[40] ».

Dans « Les deux Nègres », l'énonciateur de l'altérité est l'une des petites filles de la maison qui présente Jackson, le Noir nouvellement arrivé dans leur demeure. La mère souhaite louer une chambre dans la maison pour obtenir un revenu supplémentaire. Craignant l'individu louche

---

40. Dany Laferrière, *op. cit.*, p. 87.

que serait le locataire, la mère se construit un individu idéal « à la fois invisible et distingué[41] » qui représente en fait les caractéristiques clefs de la civilisation. Tout comme Sam Lee, Jackson n'est jamais nommé par son nom. Le Noir entretient avec la famille une relation de pouvoir basée sur l'argent. À chacune de ses visites, il offre des cadeaux à la famille, cadeaux qui ne sont qu'exclusivement blancs : « un foulard de soie blanc pour mon père ; ensuite des bas de soie blancs pour Agnès encore…presque toujours du blanc[42] ». La dominance de la couleur blanche dans la relation que Jackson entretient avec la famille est certes symbolique. La narratrice affirme même qu'elle devient le professeur de français du Noir et en échange il lui offre un peu d'argent. Il s'agit donc d'une relation de pouvoir où Jackson est dominé par l'ensemble de la famille. Le Noir qui est en fait un Occidental doit entretenir l'image stéréotypée que l'on se fait de lui. Ainsi, lorsqu'il se promène avec Odette, l'une des sœurs, Jackson sent le besoin de raconter la Mémoire et l'Histoire de l'Afrique même s'il se sent éloigné ou même déconnecté de cette réalité : « Ils se parlaient d'Afrique. Sans doute pour faire plaisir à ma sœur, notre Nègre tâchait de se rappeler de vieux souvenirs, à demi conservés dans sa famille Jackson, d'esclaves aux enchères, de rafles, par des hommes cupides, de pauvres Noirs surpris dans leur village de paillottes[43] ». Ce passage permet

---

41. Gabrielle Roy, « Les deux Nègres », *Rue Deschambault*, Montréal, Les Éditions du Boréal, 2010, p. 13.

42. *Ibid.*, p. 20.

43. *Ibid.*, p. 25.

un certain rapprochement avec l'épisode du roman de Laferrière où dans le bureau de poste, le syndicaliste vient à la défense de Vieux en abordant la traite des Noirs. L'Histoire du Noir s'est donc transformée en une sorte de mythologie dans la mémoire collective occidentale où de grandes tragédies deviennent des histoires spectaculaires ou bien scabreuses. Par contre, dans le recueil de Thérien, le poète tente justement de fragmenter l'Histoire, non pas pour aller du côté de la Mémoire, mais bien de créer un brouillage des voix poétiques afin d'établir une rencontre fusionnelle avec l'altérité. Il ne s'agit pas d'une rencontre de l'Amérique avec l'Afrique, mais plutôt d'un voyage dans un lieu symbolique qui transcende la géographie et se situe parfois dans le texte, parfois dans le blanc poétique. Le blanc poétique n'a dans ce recueil ni la fonction d'ellipse ni la fonction de pause. Il sert plutôt à tracer les contours évocateurs d'un continent symbolique où l'horreur et l'innommable, ne pouvant être exprimés en mot, s'infiltrent dans le blanc poétique.

3. Le Paradigme barbarie/civilisation autour de l'axe dichotomique propreté et saleté

Les notions de propreté et de saleté dans le cadre de la problématique de l'altérité sont en fait des composantes, voir des synonymes, de civilisation et de barbarie. En effet Sarmiento met en relation la pauvreté avec la saleté et la civilisation avec la propreté en comparant les maisons des Écossais et des Allemands avec celles du bourg argentin :

La première a des maisonnettes peintes ; le devant de la maison, toujours soigné, s'orne de fleurs et d'arbustes gracieux ; le mobilier est simple, mais complet ; la vaisselle de cuivre ou d'étain, est toujours reluisante ; les lits ont de jolis rideaux […] Le bourg argentin est le revers indigne de cette médaille : des enfants sales et couverts de haillons vivent comme une meute de chiens, des hommes sont couchés par terre dans la plus complète inertie ; partout l'abandon et la pauvreté […] et un aspect général de barbarie et d'incurie[44].

Comme on le saisit ici : « […] toute description réaliste, ou non, joue plus ou moins de ce rapport personnage/cadre/jugement de valeur. De plus, parfois ce fonctionnement s'avoue dans des comparaisons obligatoires car elles ne font qu'un avec le savoir dualiste corps/âme ou animal/esprit[45] ». Ces concepts de propreté et de saleté se retrouvent à deux niveaux dans les textes littéraires. Tout d'abord, on les retrouve au niveau de l'hygiène du corps humain et ensuite dans l'entretien de l'espace habité. Parmi les œuvres analysées, *Trilogie sale de La Havane* est celle qui illustre l'axe propreté/saleté au niveau le plus extrême. Déjà le titre du roman, qui comprend trois récits, annonce la réalité crasseuse et miséreuse des habitants de La Havane. Le narrateur, Pedro

---

44. Domingo F. Sarmiento, *op. cit.,* p. 38.
45. Patrick Imbert, « Sémiotique, littérature et politique : "Pauvre mais propre" », *Semiotica*, 67-3/4, 1987, p. 248.

Juan, est un personnage pauvre qui a toujours vécu dans le manque de quelque chose, que ce soit l'argent, la nourriture ou bien la sexualité, carences qui s'amplifient dans le décor pauvre et sale de la ville :

> Elle me disait toujours : "Ah, il n'y a plus personne de bien à La Havane. Les gens sont de plus en plus vulgaires, de plus en plus brutes, de plus en plus dépenaillés." Oui, il y avait quelque chose qui clochait : ou l'élégance naturelle de Jacqueline, ou la vulgarité des gens, ou encore mon idiotie parce que, moi, je me sentais très à l'aise là-dedans alors que pourtant, c'est sûr, la pauvreté arrivait au galop[46].

Cette notion de saleté est particulièrement frappante dans l'image que le narrateur, Cubain blanc, se fait des Noirs :

> Leur appartement s'enfonçait dans la merde. Cela faisait seulement quelques années qu'elles vivaient là mais tout empestait déjà le caca des poulets et des cochons qu'elles élevaient sur la terrasse. Les toilettes étaient à vomir, sans doute qu'elles ne les nettoyaient jamais. Moi, ça m'est égal. Ils sont comme ça, les Noirs[47].

Dans une ville déjà très appauvrie et sale, les Noirs le sont encore plus que n'importe qui, prisonniers de cette image stéréotypée du barbare. L'étroitesse des lieux et le

---

46. Pedro Juan Gutiérrez, *op. cit.*, p. 15.
47. *Ibid.*, p. 23.

nombre croissant d'habitants sont des facteurs qui amplifient le concept de saleté. Le narrateur compare donc les habitants de la ville à des cafards en raison du nombre élevé croissant et de leur mode de vie parasitaire.

Constamment, le narrateur rappelle au lecteur qu'il est pauvre, vit dans des habits sales, raides de sueur. Il se dit lui-même répugnant. De plus, c'est lorsqu'il est au sommet de sa saleté qu'il décide d'aller quémander un peu d'argent dans la rue. C'est son aspect sale qui le pousse à quémander de l'argent et qui justifie son acte. Un des passages du livre est très révélateur de l'influence psychologique que possède le pouvoir de la saleté. Pedro Juan, afin de gagner un peu d'argent, devient éboueur, métier très difficile dans La Havane. À chaque fois qu'il se trouve une fréquentation et qu'il mentionne son métier, la femme le quitte sur le champ, dégoûtée : « C'était une puanteur psychologique, à mon avis. Chaque fois qu'elles apprenaient comment je gagnais ma thune, elles commençaient à beugler que je sentais l'ordure et le caca[48] ». À un autre niveau, Pedro Juan compare ce qu'il écrit à de la merde, expliquant qu'il n'a aucune intention d'embellir sa réalité :

> En général, je n'y trouve rien non plus. Je pourrais pas leur dire : "Oh, regardez, j'ai trouvé un diamant dans le caca, ou une belle idée, ou n'importe quoi d'agréable à l'œil." Non. Je ne cherche rien et je ne trouve rien. Voilà pourquoi je suis incapable de prouver que je suis un type pragmatique et qui a son

---

48. *Ibid.*, p. 305-306.

utilité sociale. Je me contente de faire comme les enfants, qui chient et jouent après leur crotte, la sentent, la mangent, s'amusent avec jusqu'à ce que maman arrive, les sorte de leur merde, leur donne un bain, leur mette du parfum et leur dise qu'il ne faut pas recommencer[49].

Or, *Trilogie sale de La Havane* est la mise en discours romanesque d'une réalité sale de la ville durant l'été 94 concrétisée dans un vocabulaire dérangeant, au ton cru, sec et crasseux. Il y a donc ce double niveau de saleté, romanesque et discursif.

Dans la nouvelle « Où iras-tu Sam Lee Wong? », on retrouve un passage qui fait directement écho à une scène de la *Trilogie sale de La Havane*. L'inspecteur du service de la Santé vient examiner le restaurant de Sam Lee Wong. Afin de se protéger, le Chinois réduit son intelligence pour subir le moins possible de remontrances : « Sam Lee Wong l'accueillit humblement, sans trop de crainte cependant. D'instinct, il reprit son anglais le plus bas[50] ». Pedro Juan a exactement la même attitude lorsque les inspecteurs de la Santé publique l'interrogent en le voyant fouiller dans les poubelles : « Je joue le retardé mental, le moitié mongolien et on me fiche la paix. Des fois, je me dis que quand on est pauvre, il vaut mieux être crétin qu'intelligent[51] ». Il est

---

49. *Ibid.*, p. 127-128.
50. Gabrielle Roy, « Où iras-tu Sam Lee Wong ? », *Un jardin au bout du monde*, Montréal, Les Éditions du Boréal, 2009, p. 81.
51. Pedro Juan Gutiérrez, *op. cit.*, p. 86.

intéressant de voir comment l'ignorance devient un outil pour justifier un mode de vie se déployant dans la saleté. Les personnages sont conscients de leur état négligé involontaire et se dévalorise afin de rendre légitime leur mode de vie marginalisé : « Tout pauvre qui est propre est encore un pauvre qui participe des catégories de l'ordre social régnant. Il tend, à la mesure de ses faibles moyens de s'intégrer, quand même, à un fonctionnement qui fondamentalement il ne récuse pas[52] ». « Le jeu de l'ignorance » agit donc comme mécanisme de survie face à un environnement hostile et fermé.

Dans la nouvelle « Les deux Nègres », l'étranger est synonyme de saleté. Lorsque la mère songe à louer une chambre dans la maison, elle hésite fortement, car elle se met « à craindre le personnage louche ou le pauvre manœuvre que l'on verrait chaque soir entrer chez [eux] noir et crotté[53] ». De plus, comme s'il s'agissait d'une compétition du meilleur animal domestique, les deux voisines comparent leurs nègres en se lançant des répliques telles qu'« il fait son lit lui-même[54] ! », « les Nègres me paraissent être les hommes les plus soigneux, les plus propres au monde[55] », « C'est un Nègre rangé, doux, tout à fait bien élevé[56] ». Cette comparaison de la figure de l'Autre avec l'animalité est omniprésente dans *Trilogie sale*

---

52. Patrick Imbert, *op. cit.*, p. 250.
53. Gabrielle Roy, « Les deux Nègres », *Rue Deschambault*, Montréal, Les Éditions du Boréal, 2010, p. 13.
54. *Ibid.*, p. 21.
55. *Ibidem.*
56. *Ibid.*, p. 22.

de La Havane. Pedro Juan compare la ville cubaine à un véritable zoo :

> Voilà, nous faisions notre entrée dans la jungle. À grands coups de pied au cul. On avait tous quitté les cages et on avait commencé à lutter en pleine forêt vierge […] Après trente-cinq années enfermés dans les cages du Zoo, où l'on nous avait distribué une maigre pitance, quelques médicaments mais aucune idée de ce qui se passait de l'autre côté des barreaux[57].

L'axe propreté/saleté se retrouve aussi dans *Comment faire l'amour avec un Nègre sans se fatiguer*. Vieux, narrateur du livre, compare l'odeur sauvage du Noir à celle civilisée et synthétique de la Blanche : « Le Nègre est du règne végétal. Les Blancs oublient toujours qu'ils ont, eux aussi, une odeur. La plupart des filles de McGill sentent la poudre de <u>Bébé</u> Johnson[58] ». Le roman met en scène deux nègres vivant dans un appartement minuscule et crasseux de la rue Saint-Denis à Montréal : « C'est une ambiance assez baroque. Deux Nègres dans un appartement crasseux de la rue Saint-Denis, en train de philosopher à perdre haleine à propos de la Beauté, au petit matin. C'est le déjeuner des primitifs[59] ». On décrit l'habitat en faisant toujours référence au concept du primitif, une des images du barbare. Miz Littérature,

---

57. Pedro Juan Gutiérrez, *op.cit.*, p. 169.
58. Dany Laferrière, *op. cit.*, p. 27.
59. *Ibid.*, p. 35.

maîtresse de Vieux et étudiante anglaise à l'Université McGill, est obsédée par le maintien de la propreté dans l'appartement de Vieux. À chaque visite, elle tient à faire le ménage et transformer peu à peu l'appartement en lieu plus civilisé :

> Son seul défaut, c'est qu'elle veut rendre à tout prix cette pièce agréable. Lui donner une touche outremontoise. Donc, à chaque fois qu'elle vient me voir, elle apporte un objet [...] Tout ça vient du fait qu'on apprend aux gens de McGill à embellir leur quotidien. Tu parles d'une merde[60] !

Lorsque Vieux visite pour la première fois la maison des parents de Miz Littérature, il est frappé par l'ordre qui y règne : « Cette maison respire le calme, la tranquillité, l'ordre. L'Ordre de ceux qui ont pillé l'Afrique. [...] Tout est ici à sa place. Sauf moi. Faut dire que je suis là, uniquement pour baiser la fille. Donc, je suis, en quelque sorte, à ma place, moi aussi[61] ». Ce passage éclaire l'épigraphe que l'on retrouve au tout début du roman « Le nègre est un meuble ». Vieux accessoirise en quelque sorte la vie de l'étudiante anglaise qui peut se permettre une double vie et retourner à n'importe quel moment dans son monde propre et luxueux.

---

60. *Ibid.*, p. 43.
61. *Ibid.*, p. 103.

4. Rencontre des solitudes dans des lieux significatifs

« En insistant sur l'importance du lieu, il devient possible de faire place à la turbulence émotionnelle qui accompagne, chez tout sujet migrant, l'expérience du déplacement vu comme déracinement existentiel[62] ». Le rapprochement entre déplacement et déracinement est toutefois discutable. En effet, Pico Iyer dans *The Global Soul* met de l'avant la notion de « full-time citizens of nowhere[63] ». Selon lui, l'homme, étant un être fragmenté, est en constante quête d'une appartenance à un chez soi afin de se rassembler une unicité tout en jouissant des multiples déplacements géographiques comme identitaires. Son œuvre impose d'une certaine façon la question suivante : si nous ne sommes pas certain d'où nous venons, pouvons-nous savoir qui nous sommes et où nous allons ? L'écrivain s'intéresse à des lieux tels que les aéroports et les restaurants routiers qui sont pour lui de véritables microcosmes, lieux de rencontres par excellence. Ainsi, il est nécessaire de ne pas négliger l'importance de l'espace et des lieux dans leur influence sur l'altérité. Dans la nouvelle « Où iras-tu Sam Lee Wong ? », le personnage décide de quitter sa Chine natale pour de nombreuses raisons. Ainsi, il est vrai qu'il décide de se rendre en Amérique afin d'être en mesure de faire un peu d'argent

---

62. Simon Harel, *Les passages obligés de l'écriture migrante*, Montréal, XYZ éditeur, 2005, p. 117.
63. Pico Iyer, *The Global Soul: Jet Lag, Shopping Malls, and the Search for Home*, New York, Knopf, 2000.

pour survivre et se nourrir, mais il quitte son pays également parce qu'il se sent terriblement seul parmi cette foule suffocante de Chinois. Il se rend donc en Amérique, pays vaste et presque vide de présence humaine, afin de se trouver en quelque sorte une identité. Une fois arrivé à Vancouver, Sam Lee Wong décide d'aller s'établir en Saskatchewan, dans un petit village du nom d'Horizon, parce qu'on y retrouve de nombreuses collines qui lui rappellent son pays d'origine et lui permettront ainsi de conserver intacte son identité : « il cherchait plutôt les collines à peine saisissables du fond de son souvenir. Elles seules parvenaient à lui conserver une sorte d'identité et le sentiment que, projeté au Canada, il était encore un peu Sam Lee Wong[64] ». Arrivé à destination, il devra toutefois se faire à une autre sorte de solitude puisque tout paraît presque vide, réalité qui contraste avec sa Chine. Le restaurant de Sam Lee Wong est un lieu fort intéressant, car il s'agit d'un lieu de passage. Toutefois, il s'agit d'un lieu très chargé symboliquement puisque tous les immigrants de ce village vont manger dans ce restaurant. Le lieu a donc une double fonction : il permet de nourrir les clients, mais également de créer une proximité, un rapprochement des solitudes :

> Il n'y a personne ici qui ne vienne de quelque bout
> du monde. Moi, c'est d'Islande et pour me trouver,
> un beau jour, chef de section à Horizon. C'est pas

---

64. Gabrielle Roy, « Où iras-tu Sam Lee Wong ? », *Un jardin au bout du monde*, Montréal, Les Éditions du Boréal, 2009, p. 52.

> drôle en diable, cette histoire? De se retrouver
> ensemble, toi de Far comme tu dis, moi d'Islande,
> Farrell de l'île de Man, Smouillya des Pyrénées, Jacob
> du Vieux Québec[65].

Ce type de lieu permet donc la rencontre de l'altérité à de multiples niveaux, car il s'agit d'un discours marginal à l'intérieur d'un espace collectif minoritaire.

Dans *Comment faire l'amour avec un Nègre sans se fatiguer*, on retrouve cette même symbolique du lieu dans l'appartement de Vieux : « Cette chambre est bien le Q.G. de tout ce que cette ville compte de marginales; cette mafia urbaine qui a trouvé d'instinct son île au 3670 de la rue Saint-Denis, au carré Saint-Louis, Montréal, Québec, Amérique, Terre. Chez moi[66] ». Vieux compare son appartement à une île, lieu isolé et lieu de passage également. De plus, la dimension du lieu a une grande charge symbolique puisque dans la gradation des lieux du plus petit à l'infiniment plus grand, Vieux ne termine pas par la mention de l'univers, mais bien de son chez soi. Le « chez moi », petite île isolée dans l'océan qu'est Montréal, devient un microcosme. Dans *The Global Soul*, Pico Iyer affirme que les gens les plus malheureux sont bien souvent ceux en déplacement qui cherchent une utopie à l'extérieur d'eux. Il est donc intéressant de s'attarder au microcosme des personnages chez Laferrière puisque Vieux et Bouba sont des êtres excessivement sédentaires qui ne recherchent que le bonheur, une

---

65. *Ibid.*, p.67.
66. Dany Laferrière, *op. cit.*, p. 121.

certaine utopie, à l'intérieur d'eux-mêmes. Cette quête du bonheur se veut antagoniste, car Vieux ne peut accéder à son utopie que dans un contexte spatial particulier, ne voulant après tout que l'Amérique dans son entièreté[67]. Cet isolement illustre en quelque sorte l'échec de la communication puisque Bouba et Vieux vivent coupés du reste du monde. Leur démarche, que l'on pourrait appeler processus de délaissement, représente l'envers du processus d'appropriation : « On n'a pas de radio, pas de télé, pas de téléphone, pas de journal. Rien qui nous relie à cette foutue planète. L'Histoire ne s'intéresse pas à nous et nous, on ne s'intéresse pas à l'Histoire[68] ».

Dans le petit village d'Horizon, Sam Lee Wong songe à son retour dans un cercueil dans sa Chine natale. En attendant, il contemple les collines afin de se rappeler qui il est :

> Contempler un lieu, ce n'est pas seulement délimiter un objet géographique qui sera offert au regard ; c'est aussi rêver à sa plénitude (voilà précisément ce qui caractérise la formation esthétique du paysage) et faire du paysage un ensemble dont la description s'organise selon une spatialisation de l'expérience affective […] Le paysage contemplé, parce qu'il contient un regard qui ne se laisse pas dévoiler, qui n'appartient pas d'emblée à une cartographie identifiée, est un espace ouvert à l'invisible[69].

---

67. *Ibid.*, p. 31.
68. *Ibid.*, p. 35-36.
69. Simon Harel, *op. cit.*, p. 173-174.

Les collines ne représenteraient-elles pas les ancêtres du Chinois ? On peut se poser la question en raison de l'attachement qu'il démontre vis-à-vis celles-ci. Or, il est vrai que l'on habite des lieux, mais on crée aussi des sites de mémoire et des espaces de rêveries. Sam Lee Wong, après de nombreuses années vécues à Horizon, doit subir la fermeture de son restaurant. Suite à un malentendu, il quitte Horizon afin de trouver un autre petit village où il pourra être cafetier. Dans le train, Sam Lee est à la recherche d'un lieu où il pourra habiter, cette recherche de lieu cache une certaine angoisse, un brouillage de l'identité : « Symptomatique du devenir-étranger dans l'écriture, l'interrogation sur l'inscription spatiale (où suis-je ?) accompagne toute quête difficile d'une identité (qui suis-je ?)[70] ».

Pour Laurel, personnage de la nouvelle « Les aurores montréales », Montréal devient une sorte de champ de bataille culturel et linguistique : « Mémoire fragmentaire, défusion des langues, douleur du sujet qui erre dans une ville qu'il ne peut habiter. Montréal comme hors-lieu. [...] À Montréal plus qu'ailleurs, la rencontre de l'étranger est une donnée immédiate du parcours[71] ». Le terme hors-lieu est discutable puisque tout lieu est un lieu, même s'il s'agit d'un lieu symbolique, un lieu métaphorique, un

70. *Ibid.*, p. 147.
71. *Ibid.*, p. 145-146. Selon Marie Cusson, « dans plusieurs écrits contemporains, le paradigme banlieue / ville est utilisé pour montrer que la ville, en tant que lieu de rencontres imprévisibles, est l'endroit de tous les possibles, de tous les espoirs ». Voir « La contradiction dans le roman des Amériques » d'Héloïse Brindamour, p. 57.

lieu de passage ou bien un lieu de transition. Toutefois, certains lieux peuvent devenir des lieux hors d'un lieu. Par exemple, le personnage de Laurel, très ambivalent et ambigu, est à la fois raciste et xénophobe. Il déteste profondément le nouveau visage multiculturel de Montréal, mais les lieux où il se sent à l'aise et où il a l'impression de s'appartenir en entier sont des lieux où il y a rencontre avec l'altérité : la pâtisserie syrienne avec ses fameux baklavas, Mikado, restaurant de Sushis, etc. Bien plus qu'une rencontre avec l'altérité, le personnage absorbe des produits fabriqués par l'altérité. N'y a-t-il pas une expérience plus intime que celle d'ingérer avec confiance la nourriture préparée par un étranger ? Enfin, le Mont-Royal symbolise aussi ce lieu hors d'un lieu, car le personnage s'y rend afin d'être protégé de Montréal. Ce lieu représente le contact avec la nature tout en ayant une perspective panoramique de la ville. Le personnage est donc hors de la ville, mais il la possède entièrement : « Le plus étonnant cependant pour Laurel, lors de ces ascensions sinueuses qui le mènent là où la montagne s'immobilise enfin à la rencontre de la ville, c'et de sentir peu à peu un étranger s'installer dans son esprit, et d'aimer cet étranger[72] ». L'altérité se retrouve donc ici à plusieurs niveaux, car « s'il est important de parler de l'Autre, il l'est davantage de parler de l'Autre en soi[73] ». Ce passage rejoint directement la pensée d'Emmanuel Lévinas qui, à travers l'ensemble de son œuvre, trace le portrait d'un sujet éthique qui modifie son rapport qu'il entretient dans et

---

72. Monique Proulx, *op. cit.*, p. 163.
73. Joël Des Rosiers, *op. cit.*, p. 177.

avec le monde dans la façon qu'il perçoit l'Autre ainsi que soi-même[74].

Avec le recueil de poésie *Du vertige et de l'espoir*, le lecteur entre dans un véritable lieu symbolique. La poésie de Thérien est marquée par l'horreur du génocide rwandais. Le lecteur traverse donc des lieux de mémoires, subit « la traversée du tragique[75] ». Au fil des pages, on découvre qu' « ici/le monde est ailleurs[76] ». De plus, c'est par l'entremise des nombreux blancs poétiques que l'on peut accéder à toutes les horreurs commises par « l'intolérance[77] » et « l'ignorance blanche[78] ». Le vertige s'articule autour d'une tension entre le haut et le bas, l'inclusion et l'exclusion. La première section du recueil s'intitule « En amont de nous ». Le poète tente donc par l'image et l'évocation poétique de retourner à la source, se plonger du côté des origines afin de renouer avec un continent lourd de blessures. Le poète transporte le lecteur sur l'île de Gorée, située dans la baie de Dakar au Sénégal

---

74. Ainsi, « Lévinas veut mettre en place une philosophie de l'autre qui plutôt que d'étendre le soi à l'infini, veut accueillir *l'autre* à l'infini, permettant à celui-ci de provoquer le soi, de l'ébranler, ce que Lévinas appelle "l'épreuve de l'Autre". Il s'agit donc pour le soi de s'ouvrir à l'autre, de le laisser pénétrer jusqu'à être transformé ». Voir le texte « La contradiction dans le roman des Amériques » d'Héloïse Brindamour, p. 57.
75. Michel A. Thérien, *Du vertige et de l'espoir. Carnets africains*, Ottawa, Les Éditions David, 2007, p. 9.
76. *Ibid.*, p. 61.
77. *Ibid.*, p. 50.
78. *Ibid.*, p. 65.

où le peuple porte la mémoire et la blessure de la traite négrière. Enfin, la section « Poèmes urbains » entraîne le lecteur dans des « lieux piétinés, meurtris[79] ». Le recueil se terminant par « ma brèche de vie/en contrebas/*du vertige et de l'espoir*[80] » permet un équilibre entre l'amont et l'aval en créant un lieu de passage qui permet la rencontre de l'altérité blessée et fragmentée par la barbarie d'un peuple qui se croyait civilisé. Il s'agit donc bien plus que d'une apologie, le lecteur assiste à la mise en discours d'une catharsis qu'il s'approprie afin d'accéder à l'autre, de se fusionner à l'inconnu.

Conclusion : Palimpseste des identités

L'une des figures de l'altérité qui se trouve à l'extérieur du paradigme barbarie/civilisation est celle du caméléon. Le caméléon transcende ce paradigme puisqu'il s'agit d'une altérité qui a un pouvoir d'adaptation et de compréhension du monde environnant exceptionnel[81]. Ainsi, l'altérité en

---

79. *Ibid.*, p. 61.
80. *Ibid.*, p. 91. Au sujet du caméléonage, consulter Patrick Imbert, "Chameleonic Transformations and Reincarnations: Promises and Perspectives in the Americas", Susan Araujo, Joao Ferreira Duarte, Martha Pacheco Pinto (dir.), *Trans/American, Trans/oceanic, Trans/lation*, Newcastle on Tyne (UK), Cambridge Scholars Publishing, 2009, p. 297-309.
81. Selon Nancy Huston, tout être humain serait pluriel. Toutefois, certains individus, qu'elle nomme les « exilés », le seraient encore plus. Voir le texte de Catherine Skidds « Rencontres et identité », p. 119.

« caméléonage » n'adhère à aucune vérité, mais porte de nombreux masques qui ne sont pas ceux du mensonge et de l'hypocrisie, mais bien diverses dimensions et facettes d'une même identité. Pedro Juan est un exemple de caméléon, car il a une facilité d'adaptation incroyable peu importe l'environnement dans lequel il se trouve et les individus qu'il rencontre. Dans l'œuvre de Gutiérrez, Pedro Juan est conscient de la complexité de son identité en mouvement tandis qu'il se répète le célèbre vers rimbaldien « Je est un autre[82] » :

> Pour l'extérieur, ce n'est pas difficile : tout le monde est persuadé qu'il n'y a qu'un Pedro Juan, très solide, très réaliste et très joyeux. Ils ne se doutent pas que derrière cette apparence il y a une foule de petits Pedro en train de se retourner des baffes et de se faire des croche-pieds à qui mieux mieux. Chacun essayant de passer la tête dehors le premier[83].

Ainsi, les véritables rencontres qui permettent l'altération du soi ne sont peut-être possibles que si l'individu s'accepte dès lors comme un être hétérogène évoluant dans une société orientée vers la créolisation. Le caméléon, évacuant toutes formes de stéréotypes, s'en remet donc au hasard, seule « vérité » qui a le pouvoir d'englober et de faire coexister les autres discours des vérités.

---

82. Pedro Juan Gutiérrez, *op. cit.*, p. 66.
83. *Ibid.*, p. 186.

Bibliographie

Andrade, Oswald de, *Anthropophagies*, Paris, Flammarion, 1982, 307 p.

Berrouët-Oriol, Robert et Robert Fournier, « L'émergence des écritures migrantes et métisses au Québec », *Québec Studies*, n° 14, 1992, p. 7-22.

Castillo Durante, Daniel, *Les dépouilles de l'altérité*, Montréal, XYZ éditeur, 2004, 212 p.

Colbert, Jean-Baptiste, *Code noir ou recueil d'édits, déclarations et arrêts concernant les esclaves nègres de l'Amérique*, Paris, Chez les libraires associés, 1685.

Conan, Laure, *Angéline de Montbrun*, Montréal, Bibliothèque québécoise, 1990, 173 p.

De Beauvoir, Simone, *Le Deuxième Sexe*, Paris, Gallimard, 1950.

Des Rosiers, Joël, *Théories caraïbes : Poétique du déracinement*, Montréal, Triptyque, 2009, 230 p.

Gutiérrez, Pedro Juan, *Trilogie sale de La Havane*, Paris, Éditions Albin Michel, 2009, 437 p.

Harel, Simon, *Les passages obligés de l'écriture migrante*, Montréal, XYZ éditeur, 2005, 250 p.

Imbert, Patrick, "Chameleonic Transformations and Reincarnations: Promises and Perspectives in the Americas", Susan Araujo, Joao Ferreira Duarte, Martha Pacheco Pinto (dir.), *Trans/American, Trans/oceanic, Trans/lation*, Newcastle on Tyne (UK), Cambridge Scholars Publishing, 2009, p. 297-309.

—, « Sémiotique, littérature et politique : " Pauvre mais propre" », *Semiotica*, 67-3/4, 1987, p. 245-258.

Iyer, Pico, *The Global Soul: Jet Lag, Shopping Malls, and the Search for Home*, New York, Knopf, 2000, 303 p.

Lacombe, Patrice, *La Terre paternelle*, Montréal, Hurtubise, 1972, 119 p.

Laferrière, Dany, *Comment faire l'amour avec un Nègre sans se fatiguer*, Montréal, Éditions TYPO, 2011, 175 p.

Lévinas, Emmanuel, *Totalité et Infini : Essai sur l'extériorité*, La Haye, Martinus Nijhoff, 1961, 284 p.

Paterson, Janet M., *Figures de l'autre dans le roman québécois*, Québec, Éditions Nota bene, 2004, 238 p.

Proulx, Monique, « Les aurores montréales », *Les Aurores montréales*, Montréal, Les Éditions du Boréal, 2005, p. 157-168.

Robin, Régine, *La Québécoite*, Montréal, Typo, 1993, 224 p.

Roy, Gabrielle, « Où iras-tu Sam Lee Wong? », *Un jardin au bout du monde*, Montréal, Les Éditions du Boréal, 2009, p. 47-99.

—, « Les deux Nègres », *Rue Deschambault*, Montréal, Les Éditions du Boréal, 2010, p. 7-30.

Sarmiento, Domingo Faustino, *Facundo*, Paris, Institut international de coopération intellectuelle, 1934, 311 p.

Thérien, Michel A., *Du vertige et de l'espoir. Carnets africains*, Ottawa, Les Éditions David, 2007, 91 p.

Vasconcelos, José, *The cosmic race: a bilingual edition*, Baltimore, Johns Hopkins University Press, 1997, 126 p.

Verthuy, Maïr, « Femmes et patrie dans l'œuvre romanesque de Laure Conan », E.D. Blodgett et Claudine Potvin (dir.), *Relire* Angéline de Montbrun *au tournant du siècle*, Québec, Éditions Nota bene, 2006, p. 251-263.

Bio-bibliographie

Catherine Coughlan est née en 1988 à Gatineau, Québec. Elle est passionnée par les littératures québécoise et antillaise, mais aussi par la bande dessinée, la poésie et la création littéraire. Elle est inscrite à la maîtrise en Lettres françaises au Département de français à l'Université d'Ottawa. Sa thèse porte sur la rencontre de l'Autre et l'altération du Soi dans l'œuvre de l'écrivain d'origine haïtienne Dany Laferrière.

Courriel : ccoug075@uottawa.ca

Index

A

Aguinis, Marcos, 34, 51
Allende, Isabel, 43, 108, 117
Andrew, Jock V., 48, 52
Angélique, Marie-Joseph, 21, 22, 53
Appiah, Kwame Anthony, 9, 17
Atwood, Margaret, 20, 36, 37, 52
Aubin, Napoléon, 38

B

Bagehot, Walter. 38, 52
Barenboïm, Daniel, 136, 148
Barth, Frederick, 13, 17
Beauvoir, Simone de 165, 191
Beer, Lacey, 21
Bellarsi, Franca, 21, 53
Benessaieh, Afef, 13, 17, 23, 54, 120, 147, 148,

Bernd, Zila, 37, 53
Berrouët-Oriol, Robert, 152, 191
Bersianik, Louky, 30, 52
Bhabha, Homi, 39, 52, 96, 117, 127, 148
Bissoondath, Neil, 27, 52, 140, 148
Blodgett, E.D., 160, 192
Borden, Iain, 24, 54
Borges, Jorge Luis, 86
Bouchard, Gérard, 28, 52
Bouraoui, Hédi, 147, 148
Brindamour, Héloïse, 11, 57, 186, 188
Burke, Peter, 45, 52

C

Callaghan, Morley, 37
Capra, Fritjhof, 50, 52
Castillo Durante, Daniel, 161, 163, 165, 167, 168, 191
Chagoya, Enrique, 10, 17

Chen, Ying, 124, 130, 131, 132, 136, 137, 140, 142, 143, 144, 148

Christensen, Bryce J., 87, 88

Cohen, Leonard, 20, 52

Colbert, Jean-Baptiste, 162, 191

Cole, Stewart, 74, 88

Conan, Laure, 160, 191, 192

Côté, Jean-François, 51, 52

Coughlan, Catherine, 12, 66, 105, 110, 151, 193

Coupland, Douglas, 41

Cruz Diez, Carlos, 13

Cusson, Marie, 80, 88, 186

D

de Lorimier, Chevalier, 38

Delaney, Joan, 42, 52

Demirkan, Murat, 28, 52

Depestre, René, 28, 52

Des Rosiers, Joël, 162, 187, 191

Duncker, Patricia, 49, 52

Dupont, Éric, 27, 41, 53

Duvalier, François, 43

E

Eco, Umberto, 50, 59

Esquivel, Laura, 28, 45, 53, 68, 78, 120, 124, 125, 126, 135, 138, 139, 143, 144, 148

Étienne, Gérard, 43, 53

F

Faulkner, William, 11

Featherstone, Mike, 19, 55

Fernandez Armesto, Felipe, 45, 53

Ferron, Jacques, 21, 32, 53, 60, 65, 67, 78, 79, 81, 88, 89

Filewod, Alan, 21, 53

Fitzgerald, F. Scott, 60, 65, 69, 70, 81, 83, 84, 87, 88

Fo, Dario, 93, 116

Fontille, Brigitte, 23, 53, 56, 74, 88

Fournier, Robert, 152, 191

Frye, Northop, 12, 20, 53

G

Gale, Lorena, 12, 17, 21, 22, 34, 35, 53

Garcia Marquez, Gabriel, 43

Girard, René, 27, 28, 29, 33, 49, 53, 91-96, 98, 99, 102, 103, 104, 109, 117, 120, 121, 127

Glissant, Édouard, 9, 11, 16, 17, 30, 53, 60, 61, 65, 66, 69, 75, 88, 163, 164

Gómez-Peña, Guillermo, 10, 17

Gutiérrez, Pedro Juan, 153, 157, 158, 165, 166, 167, 168, 169, 176, 178, 180, 190, 191

H

Hammerstein, Oscar II, 98
Harel, Simon, 159, 182, 185, 191
Hémon, Louis, 121
Hong Kingston, Maxine, 91, 92, 97, 101-105, 108, 110, 111, 114, 117
Huston, James, 38, 53
Huston, Nancy, 123, 125, 128, 129, 132, 136, 137, 140, 141, 142, 145, 148, 189

I

Imbert, Patrick, 9, 19, 23, 37, 50, 53-56, 65, 74, 88, 92, 94, 116, 117, 120, 127, 139, 144, 148, 175, 179, 189, 191
Iyer, Pico, 41, 182, 184, 192

J

Jannacci, Enzo, 93, 116

K

Kokis, Sergio, 91, 92, 96, 97, 100, 104, 105, 107, 108, 111, 114, 118
Kramer, Erik, 122, 149
Kymlicka, Will, 25, 26, 30, 54, 128, 149

L

Lacombe, Patrice, 157, 192
Laferrière, Dany, 35, 36, 39, 49, 54, 53, 157, 158, 161-166, 169, 172, 174, 180, 184, 192, 193
Lash, Scott, 19, 55
Lévinas, Emmanuel, 60, 61, 63, 64, 88, 89, 187, 188, 192
Lévy, Pierre, 10, 17
Lyotard, François, 60

M

Mallet, Marilú, 39, 54
Mandia, Valérie, 50, 54
Martel, Yann, 15, 28, 41, 51, 54, 60, 65, 72-74, 80, 83, 84, 88, 91, 92, 94, 95, 96, 99, 101, 105, 106, 111, 112, 118
Maufort, Marc, 21, 53
McHale, Brian, 60
Micone, Marco 39, 54
Millington, Mark, 24, 54

N

Nietzsche, Friedrich, 59, 64, 88
Noble, David, 82, 89
Noël, Georges, 62, 89
Nozick, Robert, 57, 58, 89

O

Ortiz, Fernando, 24, 25, 54

P

Papineau, Louis-Joseph, 36
Paterson, Janet M., 154, 159, 192
Paz, Octavio, 28, 54
Potvin, Claudine, 160, 192
Platon, 59, 61, 62, 89
Poulin, Jacques, 91, 92, 96, 101, 104, 105, 106, 111, 112, 114, 115, 118
Proulx, Monique, 40, 54, 153, 169, 170, 171, 187, 192

R

Rama, Angel, 24, 55
Rice, Felicia, 10, 17
Ricœur, Paul, 62, 89
Rivard, Yvon, 14
Robin, Régine, 165, 192
Rodrigue, George, 41, 42, 55
Rorty, Richard, 60
Roy, Gabrielle, 60, 76, 77, 89, 122, 124, 128, 129, 130, 135, 137, 138, 140, 145, 149, 153, 170, 173, 178, 179, 183, 192
Rushdie, Salman, 43, 55

S

Said, Edward, 148
Salvatore, Filippo, 31, 34, 41, 55, 58
Sarmiento, Domingo Faustino, 151, 156, 157, 174, 175, 192
Scarpetta, Guy, 109, 110, 111, 112, 113, 114, 115, 118
Schermbrucker, Bill , 41
Scliar, Moacyr, 91, 92, 95, 96, 99, 100, 104, 105, 107, 111, 112, 113, 118
Simhon, Ari, 64, 89
Skidds, Catherine, 12, 67, 68, 78, 81, 101, 109, 119, 149
Spiegelman 31, 32, 55

T

Thérien, Michel A., 124, 133, 134, 137, 143, 145, 149, 153, 174, 188, 192
Torres Garcia, Joaquín, 12, 31
Touraine, Alain, 23, 55
Trudeau, Pierre Elliott, 40

U

Urro, Marie-Hélène, 11, 83, 84, 91, 118, 121

V

Vallières, Pierre, 20, 35, 55
Vasconcelos, José, 169, 192
Velguth, Madeleine, 79, 89
Verthuy, Maïr, 160, 192

W

Watzlawick, Paul, 75, 89
Welsch, Wolfgang, 19, 55

Achevé d'imprimer
en octobre deux mille douze, sur les presses
de l'imprimerie Gauvin, Gatineau, Québec